投资学
越简单越实用

文明德 / 编著

中国华侨出版社

北京

　　投资学是一门旨在揭示市场经济条件下的投资运行机制和一般规律，并在此基础上分析各类具体投资方式运行的特点与规律，以使人们在认识投资规律的基础上提高投资效益的学问。随着我国市场经济的不断发展，股票债券市场的扩容，商业银行、零售业务的日趋丰富和国民总体收入的逐年上升，投资已经走进平常百姓家，尤其近年来，神州大地更是掀起了一股家庭、个人投资的热潮。然而，投资是一门大学问，涉及财务、会计、经济、投资、金融、税收和法律等多个方面，并且是一个综合的、全面的、整体的、个性化的、动态的、长期的金融过程。在投资过程中，你的财富面临或大或小的风险，可能极速暴涨，也可能瞬间消失。收益的多少不仅取决于大环境，更取决于对投资工具的选择和投资技巧的运用。因此，在投资中，如果不具备一定的投资知识，就无异于在大海的惊涛骇浪中盲目行舟。对于投资者来说，掌握必要的投资知识，熟悉必要的操作技巧，是有效规避投资风险的重要前提。

为了帮助广大不懂投资学的读者朋友全面系统地掌握投资学知识，我们编写了这本《投资学越简单越实用》。该书汇集了国内市面上众多投资书籍的精华，以培养财富眼光、练就赚钱本领、学会投资理财为出发点，用通俗易懂的语言系统地讲述了与人们密切相关的投资知识，为人们学习投资提供了切实可行的帮助。书中选取了人们最常用的几种投资方式——股票、基金、债券、黄金、房产、保险、外汇、期货、收藏进行了详细的介绍，使人们能够结合自身特点，选择合适的投资方式，同时借鉴前人的经验，更安全、更有效地进行投资。本书还为读者进行组合投资提供了便利、有效的指导，你可以根据自身的条件和喜好，选择不同的投资工具进行投资组合，尽可能地规避投资风险。我们力争帮助每一个普通人成为精明的投资者，运用简单而有效的投资策略，获得最大程度的投资回报。

目录

CONTENTS

第
一
章 不懂投资，
　　可能穷忙一辈子

只赚钱不投资难以成为富人 ………………………… 1

学会投资，从根本上改变你的未来 ……………… 4

不要让钱"发霉"，而要让钱"发光" ……………… 7

人赚钱，最传统的赚钱方法 ………………………… 8

"钱"赚钱，最赚钱 …………………………………… 12

投资越早越好 ………………………………………… 14

投资可能会失败一时，但不可能失败一世 ……… 15

思维模式的转换——从储蓄的时代到投资的时代 … 18

没有最好的投资观，只有最适合自己的投资观 … 23

<table>
<tr><td>第
二
章</td><td>大环境决定小收益，
投资须读懂宏观经济</td></tr>
</table>

通货膨胀对日常生活有什么影响 ················ 25

通货膨胀到底会对你造成多大影响 ··········· 28

辨别虚假繁荣背后的泡沫 ················· 30

物价是涨了还是跌了 ················· 33

"GDP"背后隐藏着什么 ················· 35

"人口红利"与经济发展的关系 ············· 38

人民币升值利多还是弊多 ················· 41

通货膨胀的避风港在哪里 ················· 44

经济危机带来哪些投资良机 ············· 47

恩格尔系数有什么作用 ················· 48

加息下的投资策略 ················· 50

根据经济周期把握最佳投资机会 ············· 53

<table>
<tr><td>第
三
章</td><td>打造投资组合利器，
分散规避投资风险</td></tr>
</table>

钱不多的人也要进行资产配置吗 ············· 56

投资组合的三种方式 ·············· 59

投资组合要遵守的四大原则 ·············· 60

如何合理地选择投资组合 ·············· 61

如何进行家庭式组合投资 ·············· 63

投资的关键是要保住本金 ·············· 65

评估自己的风险承受能力 ·············· 68

防范投资中的各种陷阱 ·············· 72

莫把"投资"当"投机" ·············· 74

从自己的错误中学习 ·············· 76

第四章 在机会和风险中"淘金"
——股票投资

选股八大原则 ·············· 79

实用选股三大技巧 ·············· 82

不同类型股民的选股技巧 ·············· 85

牛市中如何选购新股 ·············· 87

熊市中如何选股 ·············· 90

震荡市中散户生存法则 ·············· 93

控制了仓位，就控制了风险 ·············· 95

第五章　让基金经理替你打工
　　　　——基金投资

投资基金前先问三个问题 ················ 98

货币市场基金——高于定期利息的储蓄 ········ 100

指数型基金——低投入高回报 ············ 102

债券型基金——稳中求胜的基金 ··········· 104

混合型基金——折中的选择 ············· 106

把握基金赎回的时机 ················ 109

基金定投，弱市中的避风港 ············· 111

基金定投的投资策略 ················ 114

基金定投的七大铁律 ················ 116

第六章　当一个稳赚不赔的"债主"
　　　　——债券投资

债券的生钱之道是什么 ··············· 119

哪些债券品种投资者可以参与 ············ 121

怎样进行国债交易 ················· 123

如何选择适合自己的国债投资策略 ·········· 125

如何提高国债的收益率 ·················· 128

债券市场风险分析与防范 ·················· 131

第七章 投资通行的"稳压器" ——黄金投资

黄金独特的投资优势 ·················· 134

预测黄金价格的三大方法 ·················· 137

如何选择实物黄金 ·················· 139

新手"炒金"的注意事项 ·················· 141

纸黄金的投资策略——放长线钓大鱼 ·················· 143

鳄鱼法则——及时止损 ·················· 144

第八章 我的房子我做主 ——房产投资

高价值增长是投资房产的关键 ·················· 147

尾房里"淘金" ·················· 150

买房不可忽视哪些问题 ·················· 151

买房如何"杀价" ·················· 153

小产权房是投资"雷区" ……………… 155

二手房买卖如何规避风险 ……………… 158

异地二手房投资:"鸡肋"还是商机 ……… 159

第九章 为你的未来系上安全带
——保险投资

如何选择保险公司 ………………………… 162

如何让保费省钱 …………………………… 164

购买保险前的准备工作 …………………… 166

保险投资应遵循哪些原则 ………………… 169

保险合同关键看哪儿 ……………………… 171

单身时期——医疗保险做伴侣 …………… 174

家庭形成期如何选择保险 ………………… 175

准妈妈如何选择一份合适的保险 ………… 178

怎样给家中老人买保险 …………………… 180

现代女性如何为自己挑选一份合适的保险 …… 181

怎样办理理赔手续 ………………………… 184

第十章 以钱赚钱,天天过年
——外汇投资

外汇交易是一种概率游戏 …………………… 187

防守是外汇交易的最重要前提 …………………… 189

外汇买卖的技巧 …………………… 191

巧用平均价战术 …………………… 193

买得精不如卖得精 …………………… 195

拉响红色警报,熟悉外汇风险 …………………… 197

不要在赔钱时加码 …………………… 199

切勿"亏生侥幸心,赢生贪婪心" …………………… 201

第十一章 "空手套白狼"的赚钱经
——期货投资

揭开期货的神秘面纱——基础知识 …………………… 204

做一个成功的期货投资者 …………………… 208

期货市场风险主要包括哪些 …………………… 209

期货市场风险有哪些特征 …………………… 213

股指期货市场风险有哪些特征 …………………… 215

散户如何才能做好自身的风险管理 ·············· 219

第十二章 小收藏 PK 大财富
——收藏品投资

邮票投资——方寸之间天地宽 ·············· 222

钱币投资——成为"有钱人家" ·············· 224

古玩投资——在玩赏中获取财富 ·············· 226

字画投资——高品质的艺术享受 ·············· 229

珠宝投资——收益新宠 ·············· 234

收藏品投资的基本原则 ·············· 236

收藏投资的操作技巧 ·············· 237

收藏投资的策略与误区 ·············· 239

第一章 不懂投资，可能穷忙一辈子

只赚钱不投资难以成为富人

许多人，特别是二十几岁刚刚迈出大学校门，走上工作岗位的人，每月都拿着固定的薪水，看着自己工资卡里的数字一天天大起来，他们可以尽情地消费，总感觉高枕无忧。直到有一天刷卡时售货员告诉他们："这张卡透支了。"这时，他们才感到惊慌，也奇怪起来："每个月的薪水也不少，都跑到哪儿去了？"对年轻人来说，赚钱固然重要，但是投资更是不可或缺的。只会赚钱不会投资，到头来还是一个"穷人"。是富人还是穷人，不是看你能"挣"多少，而是看你会"投"多少。

王慧已经工作两年了，现在的月薪是5000元左右。除去租房和吃饭的开支，每月还能剩下2000多元，可她每到月底还是要向朋友借钱。而她的同学中，许多人没有她挣得多，却从来没有借过钱。

原来，王慧认为努力工作，努力挣钱，这样自己就可以富起来，从来没有考虑过如何投资。晚上熬夜看电影，第二天起不来只好打车上班；不喜欢吃公司食堂的伙食，一到中午就出去吃。而每次去商场从来不带现金，都是刷卡。每个月都是这样，她从来没有投资的概念。也正因如此，工作2年了，还没有任何积蓄。

从上面的故事我们可以看出，不注重理财、不善于投资，就可能要过拮据的生活。

只会挣钱不会投资的人是不会致富的。投资至少有以下好处：

1. 达到财务目标，平衡一生中的收支差距

人生有很多梦想，很多梦想的实现需要经济支撑，如累积足够的退休金以安享晚年，建立教育基金为子女的将来考虑，积累一定的资金购车、买房，或者积累一笔资金用于到世界各地旅游，有些人还打算创立自己的事业，等等。这些目标的实现都需要你进行财务规划，对收支进行合理的平衡。

如果一个人在任何时期都有收入，而且在任何时候赚的钱都等于用的钱，那么就不需要去平衡收支间的差异，投资规划对这个人来说就不是必需的。可是实际上，人的一生中大约只有一半的时间有赚取收入的能力。假如一个人活到80岁，前18年基本是受父母抚养，是没有收入的；65岁以前则必须靠自己工作养活自己和家人；而退休后如果不依赖子女，而此时又没有工作收入，那么靠什么来养老呢？如果你有投资意识，在65岁退休以前这

长达47年的岁月中，每个月省出200元，购买成长性好的投资产品，假设年收益率为12%，那么，47年后会积累多少财富呢？是5453748.12元，接近550万元，这是一个不小的数字，这样的话，你就可以享受比较富裕的晚年生活了。

2. 过更好的生活，提高生活品质

平衡一生的收支只是投资规划的基本目的。每个人都希望过好日子，而不仅是满足由出生开始到死亡为止的基本生活需求。你是否想买一幢或者一套豪华舒适点的房子？是否想开辆黑色奔驰车驰骋在空旷的马路上？你是否想在周末或节假日去豪华餐厅享受温馨浪漫的晚餐？是否想每年旅游一次？这些都是基本生活需求以外的奢侈想法，但并不是幻想。追求高品质的生活是投资规划的另一个目的。

3. 追求收入的增加和资产的增值

人们除了辛勤地工作获得回报之外，还可以通过投资使自己的资产增值，利用钱生钱的办法做到财富的迅速积累。

4. 抵御不测风险和灾害

古人云："天有不测风云，人有旦夕祸福。"一个人在日常生活中经常会遇到一些预料不到的问题，如生病、受伤、亲人死亡、天灾、失窃和失业等，这些都会使个人财产减少。在计划经济时代，国家通过福利政策，几乎承担了城市居民生老病死的一切费用，人们的住房、养老、教育、医疗、失业等费用负担很小。改革开放以后，居民开始越来越多地承担以上的费用和风

险。为抵御这些不测与灾害，必须进行科学的投资规划，合理地安排收支，以求做到在遭遇不测与灾害时，有足够的财力支持，顺利渡过难关；在没有出现不测与灾害时，能够建立"风险基金"，并使之增值。

5. 提高信誉度

常言道："好借好还，再借不难。"合理地计划资金的筹措与偿还，可以提升个人的信誉，增强个人资金筹措的能力。当然，科学地规划个人财务也能保证自己的财务安全和自由，不至于使自己陷入财务危机。

大学毕业了，我们开始挣钱了，我们要学会投资理财。赚钱与投资就像是富人的两只手，只有用手才能捧住财富。

学会投资，从根本上改变你的未来

现在存款的利息总也赶不上CPI的增速，投资理财便成了这几年大家讨论的热点话题。

如果在20年前有50万元，你就是一个富翁。但现在你再看北京、上海、广州等大城市中心地带的普通居民，他们的房子就已经超过了100万元。如果不学会投资理财，你很有可能成为昔日的富翁、现在的普通、未来的寒酸。假如20年前，你花10万元买了一件古董，现在最起码值100万元。20年前，你要是用10万元买万科原始股票，你现在就已经是千万富翁了。因此，投资不仅

◇ 投资有什么好处? ◇

人生有很多梦想，很多梦想的实现需要经济上的支撑，例如累积足够的退休金以安享晚年，或者积累一笔资金用于到世界各地旅游。这些目标的实现都需要你对财务进行合理的规划。

达到财务目标，平衡一生中的收支差距

平衡一生的收支只是投资规划的基本目的。实际上，人的一生中大约只有一半的时间有赚取收入的能力。假如一个人活到80岁，在65岁退休以前长达47年的岁月中，每个月省出200元，购买成长性好的投资产品，假设年收益率为12%，那么，47年后会积累接近550万元，你就可以享受比较富裕的晚年生活了。

过更好的生活，提高生活品质

每个人都希望过好日子，而不仅是满足由出生开始到死亡为止的基本生活需求。追求高品质的生活是投资规划的另一个目的。

抵御不测的风险和灾害

古人云："天有不测风云，人有旦夕祸福。"为抵御这些不测与灾害，必须进行科学的投资规划，合理地安排收支，以求做到在遭遇不测与灾害时，有足够的财力支持。

能帮助我们抵御通货膨胀，还能为我们创造财富。投资的种类有很多：房地产、证券、黄金、古玩、原木家具、邮票，等等。

　　到底富人具有什么特殊技能是那些天天省吃俭用、日日勤奋工作的上班族所欠缺的呢？富人何以能在一生中积累如此巨大的财富？答案无非是：投资理财的能力。民众理财知识的差距，是财富差距的真正原因。理财致富只需具备三个基本条件：固定的储蓄、追求高报酬以及长期等待。

◇ 理财致富需要具备的条件 ◇

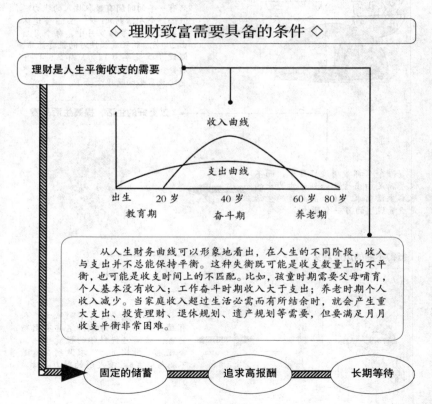

理财是人生平衡收支的需要

收入曲线
支出曲线

出生　　20岁　　　40岁　　　60岁　80岁
教育期　　　　　奋斗期　　　　养老期

　　从人生财务曲线可以形象地看出，在人生的不同阶段，收入与支出并不总能保持平衡。这种失衡既可能是收支数量上的不平衡，也可能是收支时间上的不匹配。比如，孩童时期需要父母哺育，个人基本没有收入；工作奋斗时期收入大于支出；养老时期个人收入减少。当家庭收入超过生活必需而有所结余时，就会产生重大支出、投资理财、退休规划、遗产规划等需要，但要满足月月收支平衡非常困难。

固定的储蓄　　　追求高报酬　　　长期等待

不要让钱"发霉"，而要让钱"发光"

芝芝是一名月薪3000元的上班族，扣除日常开支，每月可以攒1000元钱。她今年23岁，现在与家人同住，希望在30岁以前结婚生子。芝芝通常把钱储蓄在银行，现在听说购买基金进行长期投资，投资风险低，回报可观，于是想转变投资方向。如果每月不把这1000元闲钱储蓄在银行，如何进行基金定投达到钱生钱的目的呢？

从芝芝的情况分析，虽然其月收入并不高，但由于与家人同住，没有供房等方面的压力，每月尚且有1000元的储蓄，所以财务情况还是比较乐观的。这笔钱如果芝芝不想用于储蓄，做基金定投是比较合理的。芝芝可以将1000元分成三个部分，分别投资于股票型、平衡型、债券型和货币型基金。其中，500元用于投资股票型基金，300元用于投资平衡型基金，剩余的200元，可用于投资债券型基金。如果要寻求更加稳健的回报，则可在投资于平衡型基金的300元中，拿出其中的100元用于投资货币型基金。

假设每年的回报率为12%，芝芝今年23岁，7年后，即当芝芝30岁时，可以获得一笔12万~13万元的收入，足以满足生子的需要。至于结婚的花费，由于开支比较多，则要视芝芝的另一半的收入而定。另外，考虑到芝芝的月收入不高，如果没有社保等保障，很难应对个人风险，所以应该想办法增加个人保障。保费的支出，可以调整买基金的分配。将投资于平衡型基金改为投资货币型基金，每月投300元，一年后可确保积累4000元左右的收入。一年之后，将这笔4000元的资金用于购买保险，如购买重疾险等。由于是分期缴费，每年4000元的资金刚好可以支付一年的保费。

由此可见，不要让钱"发霉"，而要让钱"发光"，可以让生活过得轻松很多，经济上也会富裕很多。

人赚钱，最传统的赚钱方法

还记得你毕业踏入社会第一份工作的薪资吗？根据一份最近几年大学毕业生签约的薪资调查报告，目前大学毕业生的第一份工作的薪资持续下降。就业市场供需失衡的情况使大学生的签约薪资处于绝对弱势，同时也限制了一般在职人员的薪水上升空间。在消费成本逐年上涨的前提下，上班族如果要靠一份薪水来致富，几乎是不可能的事情。

"人赚钱"相当辛苦，靠劳动赚取薪资者，不劳动就没有收入，这样的生活很累，但是，对于刚毕业的年轻人，积累第一桶金，利用传统的赚钱方法也是很必要的。

我们来看一个刚大学毕业的男孩的故事。

我记得大学毕业的时候，在一家贸易公司上班，当时生活过得真是惬意，薪水还算不错，最重要的是全部花自己的钱——自己在外面租房子，没事就和朋友唱唱KTV、到咖啡店品品咖啡、放长假的时候到喜欢的景点旅旅游。每个月薪水都用到刚刚好，心想自己还有大把青春可以把钱给赚回来。

25岁的时候，有一天我碰到自己的高中同学——他看起来还是像高中时代一样朴实，而且在一个很普通的软件公司上班，他很开心地找我聊天。我心想，他的日子一定过得很苦闷，于是请他去喝咖啡。

刚开始，我很快乐地与他分享我的"生活质量"，没想到，几句话之后才发现，这位貌不惊人的男同学，居然在薪水并不高的情况下，用3年的时间存到了人生中的第一个10万元。毕业后他每个月所赚的钱，除了部分给家人之外，他都存下来买保单。他告诉我，再过半年，他就要拿这10万元去学习MBA。当时，我的脑海中突然浮现出这些场景：

哪天他在自己买的房子里舒适地听着音乐的时候，我或许还在为租到好一点儿的房子而奔波。

哪天他开着自己的车子在街上轻松地溜达时，我或许还在公交车上被挤得东倒西歪。

哪天我去一家大的公司面试时，却发现面试官居然就是这个昔日并不如我的同学。

他现在就存10万元了，再过10年，会不会就有几百万元、几千万元？而我连1万元都没有！先乐后苦→醉生梦死→然后再苦中作乐→苦不堪言，这样的选择实在是太不明智了！

《穷爸爸富爸爸》的作者认为，大部分的工薪阶层首先要让收入大于支出，才有机会跳出"老鼠圈"，重获财务自由，所以，不管要如何节省，每个月都务必设法存个700元、1000元，长期累积之后，才能够跳出"老鼠圈"，晋级到"钱赚钱"的阶段。

其实，存钱不难。难的是，你是否有储蓄的习惯。在那些未曾存钱的二十几岁男人心目中，最迫切的一个大问题则是："我要怎样做才能存钱？"

其实，存钱纯粹是习惯问题。

任何行为在重复做过几次之后，就变成了一种习惯。而人的意志也只不过是从我们的日常习惯中成长出来的一种推动力量。一种习惯一旦在脑中形成，这个习惯就会自动驱使一个人采取行动。例如，遵循你每天上班的固定路线，过不了多久，这个习惯就会养成，不用你花心思去思考，你的头脑自然会引你走上这条路。更有意思的是，即使你今天要去另外一个地方，但是你没有提醒自己，那么，你将会发现自己不知不觉地又走上原来的路线了。

很多人之所以生活在贫困中，主要是因为他们误用了习惯的法则。那些摆脱不掉贫困生活的人不知道，他们目前的困境其实是他们自己所造成的。

养成储蓄的习惯，并不表示这将会限制你的赚钱能力。正好相反——你在应用这项法则后，不仅将偶然所赚的钱系统地保存下来，也使你拥有更多的机会，并使你获得观察力、自信

◇ 三招理财招式获得幸福感 ◇

合理地规划理财，才能有效防范未来可能的风险。而解决这个问题的办法可以从以下三种理财招式中获得。

用日常收入的 30%~40% 尽早进行投资和部署

减少欲望，设定投资报酬率为 8%~10% 较好

分散投资，分散风险

另外，保持乐观积极的心态，看淡财富，也是获得幸福感的保证。人生最大的风险不是疾病和贫穷，而是我们对未来可能遇到的风险没有任何的防范和规划。

心、想象力、热忱、进取心，由此增加了你的赚钱能力。

当你彻底了解习惯的法则之后，由于你已能开源节流，所以，你一定能在赚钱的这个"伟大的游戏"中获得成功。

如果你要想在工作上有更大的选择余地，要想今后活得更洒脱一点，现在就得养成储蓄的习惯，不管这个习惯在开始的时候让你多么不自在。一旦你养成了这个习惯，你会发现没有什么大不了的，而且感觉还很棒——手有余钱让你更有底气、更自信也更有安全感。

"钱"赚钱，最赚钱

如何用"钱"赚钱？有人懂得善用投资工具，大赚其财；有人则年轻时愿意多付点交际费当学费，先蹲后跳，随之而来的是职位、薪水的提升以及见识的增广，已经不是可以用报酬率这类数字来衡量的了。

潇潇在一家国有企业的工会工作，前几年看到不少同事下海经商，事业有成，她也曾动心，但毕竟单位的各种保障和福利都还不错，她不想轻易就丢掉这份工作而去涉足商场的风险。她想自己要做的是在工作之余学会科学理财！有了第一笔积蓄后，她没有把钱存银行，而是买了国债。结果五年下来，算上利息和当时的保值贴息，她的积蓄正好翻了一番！然后，赶上股市当时行情不错，潇潇又果断地把这笔积蓄投入了股市中。几年下来，股票总值也收益颇丰！

潇潇并未被胜利冲昏头脑，而是见好就收，把股票及时卖掉，又换成较稳定的国债。2004年年初，她又将到期的国债本息一分为二，分别买了两年期信托和开放式基金，信托产品的年收益为6%，基金的申购价格为1.07元。两年后，信托产品到期兑付，那只基金的累计净值在经历涨涨跌跌之后也达到了1.27元，这样算下来，两年时间她共实现理财收益6.9万元，已经远超她的年工资收入了。

"人赚钱"相当地辛苦，我们只有靠自己的大脑，靠钱来赚钱，才能开辟更广阔的财富空间。

投资标的成百上千种，如果不懂该买什么，也没时间看盘，最简单的方式就是"站在巨人的肩膀上面"，投资具有良知的企业家，凭借他们稳健、优质的企业，让你的资产稳定增加。

◇ 用"钱"赚钱三大注意事项 ◇

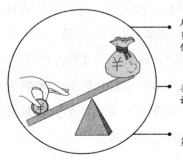

第一，树立正确理财意识，拥有"第一桶金"后，要建立理财意识，排除恶性负债，控制良性负债。财务独立的第一步就是买一份适合自己的保险。

第二，没有人天生会理财，建议你多看理财类报刊文章，逐步建立起理财意识与观念，或者认识一些专业的理财人士。

第三，理财目标最好是以数字衡量。建议你第一个目标最好不要定太高，以2~3年为宜。

投资越早越好

很多年轻人总认为理财是中年人的事，或是有钱人的事，其实理财能否致富与金钱的多寡关系并不是很大，而与时间长短的关联性却很大。人到了中年面临退休，手中有点闲钱，才想到为自己退休后的经济来源做准备，此时却为时已晚。原因是时间不够长，无法使复利发挥作用。要让小钱变大钱，至少需要二三十年的时间，所以理财越早越好，并且要养成持之以恒、长期等待的耐心。

被公认为股票投资之神的沃伦·巴菲特，他相信投资的不二法门是，在价钱好的时候买入公司的股票且长期持有，只要这些公司有持续良好的业绩，就不要把它们的股票卖出。巴菲特从11岁就开始投资股市，今天他之所以能靠投资理财创造出巨大的财富，完全是靠60年的岁月慢慢地在复利的作用下创造出来的；而且他自小就开始培养尝试错误的经验，对他日后的投资有关键性的影响。

越早开始投资，利滚利的时间越长，便会越早达到致富的目标。如果时间是理财不可或缺的要素，那么争取时间的最佳策略就是"心动不如行动"。现在就开始理财，就从今天开始行动吧！

试问一下每月逼自己将100元或500元储蓄并投资会影响大家的生活质量吗？答案是当然不会。但如果大家可以做到每月将100～500元用于投资，那么你的晚年将是幸福的。

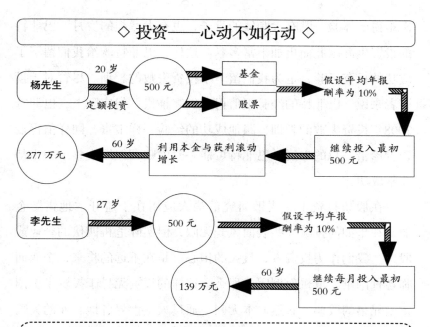

时间是世界上最大的魔法师，它对投资结果的改变是惊人的。还有就是不要小看每个月100元的投资，如果可以坚持下来并以一定的复利速度成长，那么时间长了，财富的效应同样是十分惊人的。

投资可能会失败一时，但不可能失败一世

2008年是巴菲特投资最失败的一年。伯克希尔·哈撒韦公司公布的年报显示，2008年第四季度投资收益骤降96%，2008年公司净利润比前一年下降了62%，净资产缩水115亿美元，为巴菲特1965年接手公司以来最糟糕纪录。

不过，对于巴菲特来说，2008年的经历也是他投资生涯中一

次难得的体验。既有大赚钱的日子，也有大亏损的岁月，巴菲特的投资生涯因此而更加丰富多彩。这样，巴菲特既给我们留下了成功的投资经验，也为我们留下了投资失败的教训。尽管对于投资者来说，巴菲特的经验很值得我们来推崇，但实际上，巴菲特2008年投资失败的教训，跟他成功的经验一样宝贵，同样值得投资者珍惜。总的来说，巴菲特可能一时失败，但纵观整个一生却非常成功。

在股票投资上，失败研究的最大应用在于避开"地雷"企业，在于如何排除一些表面风光无限，但实际危机四伏的企业或股票。我们作为投资者，最大的担心就是在不远的将来，企业面临各种困难、危机而倒闭。那么，这样的投资无异于投资了美国雷曼兄弟的股票，必然血本无归。通过大量世界各地企业的失败研究，你会发现，大部分企业所犯的错误如出一辙，如由于过度扩张造成的资金链问题，再如由于企业领导者决策失误或者没有持续创新而被行业淘汰等，绝大多数企业倒闭、破产的原因，无不是在过去世界的某个角落发生过的，"太阳底下从来没有发生什么新鲜事"，这句古老的谚语阐释了问题的本质，也恰恰验证了巴菲特所说的"我们从历史上学到的教训就是人们其实从不汲取历史的教训"。

所以，我们在寻找伟大企业和大牛股的同时，在憧憬企业未来的美好发展前景的时候，也应该运用逆向思维原则，将那些失败企业的教训和原因——列出，避开那些可能将来面临失败或危机的企业，这样我们的投资才可能做到不亏钱。长此下去，整个投资过程必是成功的。

如果想要投资成功，还有一个因素十分重要，就是要有投资计划。

制订投资计划，是投资者最重要、最经常性的工作之一。但是要明白，做好这项工作要进行充分的调查研究，有缜密的推理论证，要自己拿主意。制订投资计划，主要就是为了克服盲目性。下面以10万元闲置资金投资为例来说明投资计划。

拥有10万元流动资产，面临股市的低迷、金市的大跌，普通家庭该如何综合配置？

专家建议投资者在特定时间段内，只有兼顾2~3个投资方向，重点关注一类投资品种，资金"大头"暂时投资债券相关产品，其余分置定投基金与保险。

基金方面，要准确评估自己承受风险的能力，在积极型、稳健型、保守型三种投资类型中找准自己的定位。或用6万元左右购买银行理财产品，4万元购买短期货币。

从以上的分析可以看出，投资计划是帮助你增加投资胜算的。没有计划，投资就像航行在海上的没有指南针的船一样。

有了计划，投资就像有了掌舵人，有了前进的方向，知道离成功还有多远，以及还需多少资源、多少努力才会成功，之后就可以按照需要逐步实现自己的目标。

思维模式的转换——从储蓄的时代到投资的时代

从前，有一个老财主，爱财如命，总是在想如何才能让自己的家产在短时间内像滚雪球一样飞速膨胀。一天，他听说村东头的另一大户人家要把自家的50亩地卖掉，于是，老财主就想用低价将地买过来。但是这个大户人家显然已经做好了充分准备，他们对外界一直说这块地多么肥沃，种出的庄稼多么饱满，更重要的是，祖上还在这块地里埋了一坛金子，只是由于要举家南迁，实在没办法才会将祖辈们留下的这块宝地卖掉，所以买主出的价格一定要高，以补偿那坛金子的价值。

这些话被传来传去，以至于后来传成了那块地能够长出金子……就这样，那块地被炒得越来越值钱，价格也跟着翻番地往上涨。老财主见状，更是对这块地的巨大潜力深信不疑，他想：这块地绝对是块风水宝地，不然价格怎么会涨得如此厉害？于是，老财主毫不犹豫地将所有家产拿了出来，终于买下了这块传说中的"风水宝地"。

谁知，这块地是一块盐碱地，别说是种庄稼，就连野草都很难存活。但是，老财主仍然对其抱有幻想，为了不让它荒废，老财主动用了所有家丁给这块地施肥，仅此一项，老财主就花费掉了仅存的银两。可是，老财主辛辛苦苦的付出并没有让事情出现转机，这块地依然还是一片不毛之地。最后，耗尽万贯家产的老财主再也无力支撑如此庞大的开销，于是只好以极低的价格将此地转卖了出去。从此，老财主只能靠卖地的这点钱过着穷困潦倒的生活。

我们都知道，钱存到银行会贬值，不但不能"生出"更多的钱，宏观的经济形势还会将原有的钱"吃掉"。因此，作为现代明智的理财人，我们不能再死抱着"存钱罐"不撒手了，而应该积极寻求新的投资理财产品，让钱快速升值，让我们的财富与日俱增。那么，如何才能将自己的财富进行有效投资呢？如何才能确保自己的钱能快速生出更多的钱呢？故事中的这位老财主将自己的所有家产都倾注到了同一块地上，结果造成"一着失误，满盘皆输"的惨痛后果。老财主的故事说明投资理财中一个最为根本的原则：不要把所有的鸡蛋放在同一个篮子里。

一方面，这样可以规避风险，让我们不至于因为一次投资失误而倾家荡产；另一方面，这样也可以均衡收益，让我们有机会在多种投资产品中进行选择，用收益多的平衡收益少的，从而保证我们的财产稳健升值。

在现代家庭理财投资中，有很多投资方式可以选择，如股票、债券、基金、书画收藏等，也可以投资保险、外汇、信贷甚至火爆的房地产……无论选择投资哪个领域，都是想获取高额的回报率。因此，在投资这些领域之前就必须对其有一个初步的了解，只有做到"知己知彼"，才能真正"百战不殆"。

1. 股票

股票是股份公司发给股东作为已投资入股的证书和索取股息的

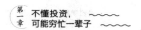

◇ 不要把所有的鸡蛋放在同一个篮子里 ◇

不要把所有的鸡蛋放在同一个篮子里，这是一个分散风险、趋利避害的有效手段。就是所谓的"分散投资"，即资金不要投放在同一个项目上，免得这个项目失败，所有的资金就会血本无归。要把资金投放在不同领域，这样某一项目失败，其他的项目还可赢利，从而降低破产的风险。

很多鸡蛋都放在同一个篮子里，篮子掉了，鸡蛋也就全都摔碎了。

如果把很多鸡蛋放在不同的篮子里，就算这一篮摔了，别的篮子里的鸡蛋还完好无损，不会全部损失掉。

分散投资

一方面，这样可以规避风险，让我们不至于因为一次投资失误而倾家荡产；

另一方面，这样也可以均衡收益，让我们有机会在多种投资产品中进行选择，用收益多的平衡收益少的，从而保证我们的财产稳健升值。

知己知彼，百战不殆

在现代家庭理财投资中，有很多投资方式可以选择，如股票、债券、基金、书画收藏等，也可以投资保险、外汇、信贷……无论选择投资哪个领域，都是想获取高额的回报率。因此，在投资这些领域之前就必须对其有一个初步的了解，只有做到"知己知彼"，才能真正"百战不殆"。

家庭投资资产配置

外汇理财 24%　　现金资产 6%

黄金珠宝 15%　　股票基金 24%　　国债 31%

凭证。股票像一般商品一样，有价格能买卖，可以作为抵押品进行抵押。股份公司借助发行股票来筹集资金，而投资者则是通过购买股票获取一定的股息收入。另外，股民们还可以在股票市场上进行自由交易，用获取买卖差价的方式收取利润。在通货膨胀时期，投资好的股票还能避免货币的贬值，因此股票还具有保值的作用。

2. 债券

债券是政府、金融机构、工商企业等机构直接向社会借债筹措资金时，向投资者发行，并承诺按一定利率支付利息并按约定条件偿还本金的债权债务凭证。债券的本质是债的证明书，具有法律效力。债券购买者与发行者之间是一种债券债务关系，债券发行人即债务人，投资者（或债券持有人）即债权人。由于债券的利息通常是事先确定的，所以，债券又被称为固定利息证券。从债券的定义中，我们就能看出，债券具有偿还性、流通性、安全性和收益性四大特征。

3. 基金

我们通常所说的基金一般是指证券投资基金。证券投资基金是一种间接的证券投资方式。基金管理公司通过发行基金单位集中投资者的资金，由基金托管人（具有资格的银行）托管，由基金管理人管理和运用资金，从事股票、债券等金融工具投资，然后共担投资风险，分享收益。证券投资基金具有集合理财、专业管理、组合投资、分散风险、利益共享、风险共担、严格监管、信息透明、独立托管、保障安全等特征。

4. 保险

保险即商业保险，是指投保人根据合同约定，向保险人支付保险费，保险人对于合同约定的可能发生的事故因其发生所造成的财产损失承担赔偿保险金责任，或者当被保险人死亡、伤残、疾病或者达到合同约定的年龄、期限时承担给付保险金责任的商业保险行为。因此，保险具有互助性、契约性、经济性、商品性和科学性等特征。

5. 外汇

外汇通常指以外国货币表示的可用于国际结算的各种支付手段，而外汇交易则是即时购买一种货币以及卖出另一货币的交易。

除此之外，还有收藏、信贷、房地产等投资方式，这里就不一一介绍了。在家庭投资理财中，我们一定要遵循以下几条原则：

第一，要用家中的闲钱来购买投资产品并备足家底，绝不能将所有家产孤注一掷，更不能靠借债投资理财。

第二，尽可能长期持有多种股票，这样一来可以分摊风险，二来也能从多种渠道中收取利润。今日买明日抛或者将所有资金都投到同一种股票上的行为都是不明智的。

第三，投资前一定要对自己所投资的产品进行充分的了解，切不可盲目跟风、随波逐流。

第四，为了减少巨大的投资风险，不要投资于衍生金融市场，不要在某一股票上投过多的资金。

没有最好的投资观，只有最适合自己的投资观

白雪今年25岁，单身，由于刚走出学校大门不久，漫长人生刚刚开始，正是人生目标很多、手上资金很少的时候。不过，她认为，正是在这个开始的阶段，面临着更多的赚钱或升职的机会，因此可以在投资方面积极进取一点。

白雪目前在一家报社做记者，每月收入4000元，由于没有家庭负担，除去基本生活费用，她每月可剩余1500元，并将其全部用作投资。这些资金中，80%用于股票市场，20%用于现金存款。另外，专家提示，相同收入但生活费用不同者可以有不同的选择，有部分人需要自己租房，部分人则不需要，可以根据自己情况拟订一个适合自己的计划，而且不要轻易更改自己的计划。

了解到白雪的近期人生目标是在5年内读完硕士，而读书之前必须在资金上尽量多做积累，因此专家建议，她应选择的投资组合方式是：在投资股票时，可以在入市之初稍作积攒，即先积累几个月的资金，再行入市。入市后，可以考虑将不同时间的资金投资在不同的市场上。股票的组合变化可以有很多，可以将40%的资金投向那些业绩相对稳定的股票，取其相对稳健的优点；30%的资金投向一些新的上市公司，取其有更大的升值空间的特点；30%投向中小企业板块。在作以上选择时，还应该考虑其股票的行业构造，如相对来说业绩稳定的传统工业企业，发展

潜力巨大的高科技企业，风险和回报率大的服务行业等，注意各行业之间的投资比例的平衡。

◇ 常见投资观的弊端 ◇

没有最好的理财观，只有最适合自己的理财观。现阶段我国常见的投资观存在很多明显弊端。

一、中国家庭缺乏投资观念：中国家庭都将自己收入的绝大部分用于储蓄和消费，仅很少一部分收入用于投资理财。而且投资也很少有真正风险低、收益高的项目；而美国家庭则将收入的一半用于投资。

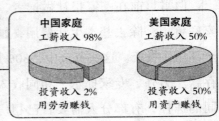

二、最常用的银行储蓄并不好：假设银行年名义利率2.25%，但实际利率＝名义利率－通胀率，最终利率可能为负数，也就是说，我们的钱放在银行会缩水！左图是通胀率在8%、5%、3%时10万元存20年后现金的实际购买力情况。

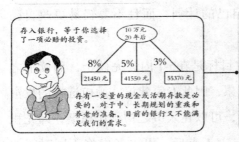

三、中国富豪的投资呈哑铃形。

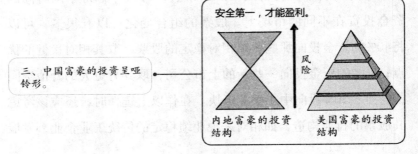

第二章 大环境决定小收益，投资须读懂宏观经济

通货膨胀对日常生活有什么影响

在第一次世界大战后的德国，有一个小偷去别人家里偷东西，看见一个筐里边装满了钱，他把钱倒了出来，只把筐拿走了。当时的德国，货币贬值到了在今天看来几乎无法相信的程度。

第一次世界大战结束后的几年，德国经济处于崩溃的边缘。战争本来就已经使德国经济凋零，但战胜国又强加给它极为苛刻的《凡尔赛和约》，使德国负担巨额的赔款。德国最大的工业区——鲁尔工业区1923年还被法国、比利时军队占领，这无异于雪上加霜。

德国政府迫于无奈，只能日夜赶印钞票，通过大量发行货币来为赔款筹资。由此，德国经历了一次历史上最引人注目的超速

◇ 持续负利率是在征收通胀税！◇

近年来 CPI 的持续走高，使通胀率高于银行各档定期存款年利率，以致居民储蓄存款不断缩水，也就是所说的负利率。

物价在不断地上涨，人们存在银行里的钱却在缩水，而银行业的利润并不受任何影响。实际上，长时间的负利率比直接征收利息税还来得快。

受负利率影响最大的其实正是人数最多、收入很低、负担很重，又不得不在银行存款的广大低收入者。这些人生活困难重重，不得不从牙缝里挤出钱来存在银行，以备将来使用。

长期负利率势必影响国家宏观调控政策，坚决降低物价水平。比如，某段时期国际油价大幅下滑，而国内油价就是不下降。

通货膨胀。

从1922年1月到1924年12月，德国的货币和物价都以惊人的比率上升。每份报纸的价格从1921年1月的0.3马克上升到1922年5月的1马克、1922年10月的8马克、1923年2月的100马克，直到

1923年9月的1000马克。在1923年秋季，价格更以不可思议的速度"飞"起来了：一份报纸的价格10月1日2000马克、10月15日12万马克、10月29日100万马克、11月9日500万马克，直到11月17日7000万马克。

在这样巨大的经济危机之中，德国人民遭受了极大的苦难。没有工作、没有粮食，走投无路。德国人民对外国帝国主义和本国政府极为不满，德国各地的斗争、骚乱不断发生，德国处于严重的动荡之中。正是在这种情况下，希特勒的纳粹党建立了，并利用了人民群众的不满情绪，掀起了对内反对民主制度和共和国，对外要实现民族复仇的浪潮。

从这场经济危机中我们可以看出，过度的钞票发行量所造成的通货膨胀是这次经济危机全面爆发的一个最重要原因。

那么，什么是通货膨胀呢？通货膨胀一般指因纸币发行量超过商品流通中的实际需要的货币量而引起的纸币贬值、物价持续上涨现象。其实质是社会总需求大于社会总供给。比如说，商品流通中所需要的金银货币量不变，而纸币发行量超过了金银货币量的一倍，单位纸币就只能代表单位金银货币价值量的1/2，在这种情况下，如果用纸币来计量物价，物价就上涨了一倍，这就是通常所说的货币贬值。此时，流通中的纸币量比流通中所需要的金银货币量增加了一倍，这就是通货膨胀。在宏观经济学中，通货膨胀主要是指价格和工资的普遍上涨。

通货膨胀到底会对你造成多大影响

坐在银灰色的新宝来里，王晓峰才感觉自己真的迈进了白领阶层。"买车的想法已经有两年多了，直到去年这个时候真正把车买了，这颗心才真的落了地。"一天，王晓峰将车开到一处僻静的道边然后停车打开车门，轻轻地将右脚放到车外，随手从车内工具箱中取出一支中南海，点燃后迅速地吸了一口。

成了有车族后，他的花销也随之增加，这一点让他感到有些担心。根据他的测算，从去年4月到今年4月，短短一年时间里油价就上涨了1.3元，按照一个月加油150升计算，一个月下来仅在汽油方面的支出就多了近200元。

除了汽油涨价，其他方面物价的上涨也令他感到担忧。由于职业本身，每个月他都有固定的钱用来购买化妆品，他告诉记者，原来他购买的套装在500元左右，而现在同样的一套已经涨至700元，再加上女朋友用的化妆品也涨价，目前他仅用在购买化妆品上的支出就足足增加了400元。

从上面的生活小案例中我们可以看出，货币贬值，通货膨胀，让钱不值钱。租房的费用上涨，食品也涨价，到餐馆吃饭的价格不知不觉也在涨。无论是王晓峰，还是生活中的我们，都遇到同样一个问题：尽管薪水在上涨，但是比起通货膨胀，物价上涨带来的苦恼更大，多拿的这些钱貌似起不到多大的作用。"每月还没等发工资，上月的钱就已经花没了。"王晓峰打趣地说，

◇ 通胀凶猛！如何理财才能不被通胀吃掉"血汗钱" ◇

货币贬值，通货膨胀，让钱不值钱。"每月还没等发工资，上月的钱就已经花没了。"相信很多人都会有这样的情况。

理财师的理财心得

良好的记账习惯

每天把自己的收入、支出、投资清晰地记录下来，可以让你清楚钱的流向。通过事后总结，可以改进你的消费习惯，减少乱花钱的机会。

节俭是一种美德，把累积的个人储蓄当作资本，投资于未来，可以让财富持续增长。

开源节流

股票投资

初涉股票市场的人，应该把投入资金控制在个人资产的10%以内，如果将自己的全部资金来做试验，代价会非常大。

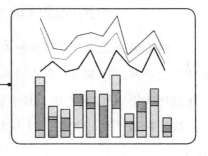

手中固定的"票子"再也换不回以前让他满足而且已经习惯的生活物资了，他的白领生活大打折扣。

在通货膨胀的年代，钱更不值钱，在这种情况下，作为普通人的我们，更要学会投资理财，才能让生活不受影响，才能不降低生活质量。这就是必须学会的生存的智慧：为避免因通货膨胀而受到损害，就要求每个普通人都得努力把自己锻造成理财好手。投资实物资产更保值。应对通胀的最好办法是进行投资，如果投资收益超过了通胀，资产就能保值增值，避免缩水。在通货膨胀的情况下，投资实物资产的资产保值作用较明显；而投资于一些固定收益类的产品，随着通货膨胀，在一定程度上来说是贬值的，如债券。

通货膨胀唤醒了人们的投资理财意识，使得人们的投资理财意识越来越普及；目前存在的"负利率"使得大多数人不再愿意把钱存入银行，人们更愿意把自己的"闲钱"投向收益率较高的证券市场，如股票、基金等。

辨别虚假繁荣背后的泡沫

西方谚语说："上帝欲使人灭亡，必先使其疯狂。"20世纪80年代后期，日本的股票市场和土地市场热得发狂。在1985年年底到1989年年底的4年里，日本股票总市值涨了3倍。土地价格也是接连翻番，到1990年，日本土地总市值是美国土地总市值的5

倍，而美国国土面积是日本的25倍！两个市场不断上演着一夜暴富的神话，眼红的人们不断涌进市场，许多企业也无心做实业，纷纷干起了炒股和炒地的行当——全社会都为之疯狂。

灾难与幸福是如此靠近。正当人们还在陶醉之时，从1990年开始，股票价格和土地价格像自由落体一般往下猛掉，许多人的财富转眼间就成了过眼云烟，上万家企业迅速关门倒闭。两个市场的暴跌带来数千亿美元的坏账，仅1995年1月至11月就有36家银行和非银行金融机构倒闭，当年爆发了剧烈的挤兑风潮。极度的市场繁荣轰然崩塌，人们形象地称其为"泡沫经济"。

◇ 如何辨别虚假繁荣背后的泡沫 ◇

一、善于识别房托的骗局

在楼房开盘的现场时常活跃着这样一种人，就是专门为新开盘的楼盘"烘盘的托儿"。这种人的出现往往会蒙蔽消费者的眼睛。

二、选择股票要慎重

在投资股市的时候，不要盲目轻信股评和专家预测，更不能跟风购买，而是应该站在旁观者的角度去预测股票的未来走势，并对照上市公司的经营业绩来分析股票的前景，才能最大限度地避免泡沫经济给自己带来的损失。

20世纪90年代，日本经济完全是在苦苦挣扎中度过的，不少日本人哀叹那是"失去的十年"。

泡沫经济指的是虚拟资本过度增长与相关交易持续膨胀日益脱离实物资本的增长和实业部门的成长，金融证券、地产价格飞涨，投机交易极为活跃的经济现象。泡沫经济寓于金融投机，造成社会经济的虚假繁荣，最后泡沫必定破灭，导致社会震荡，甚至经济崩溃。

最近两年，国家都在通过宏观调控限制房地产的价格上涨，而且还出台了好多关于房地产的政策，限制房地产开发商，这是为什么呢？主要就是国家为了防止房地产开发商投资过热造成房地产投资泡沫。那么什么是房地产投资泡沫呢？就是房地产商在投资的时候的增长率，应该和房地产的消费水平的增长率差不多，应该是供求平衡的，但是现在的房地产的投资过快，房子无法销售，造成了还款困难，这样有可能形成金融危机，形成经济泡沫。

日本"失去的十年"让我们充分认识到了泡沫经济的危害，但是，仍有一些人认为这是国家宏观经济环境所决定的，跟自己没有太大关系。其实，这是一种错误的观点，因为对于那些准备买房置地和炒股炒汇的家庭来说，泡沫经济与他们有着极为重要的关系，并将直接影响到他们的行为。因此，家庭理财绝不能忽视外围的经济环境，而要与社会的经济形势相适应，并通过分析市场经济趋势尽可能不让泡沫经济给自己带来过大的损失。

物价是涨了还是跌了

不知从什么时候开始，许女士突然觉得，以前喜欢讨论时装、化妆品的女孩们也常常会问：上个月的CPI何时出来？

CPI是消费者物价指数Consumer Price Index的英文缩写，是反映与居民生活有关的产品及劳务价格统计出来的物价变动指标，通常作为衡量通货膨胀水平的重要指标。

如若在过去12个月，CPI上升3%，那就代表，你的生活成本比12个月前平均上升了3%。这也意味着，你的钱不如以前值钱了。

我国CPI涨幅越来越快，究其原因，按照一些部门的解释，当前CPI过高是结构性的，采取临时性或结构性调整政策就可以"药到病除"。但是，现实生活却与上述解释相去甚远。例如，CPI上涨被视为由食品价格上涨特别是猪肉上涨过高引起，但政府采取的一系列促进生猪生产政策，猪肉价格非但没有下降，反而上涨幅度更快。食品价格上涨也是如此。其实，根本的问题可能是我们对这一轮物价上涨原因还认识不清，自然也就无法找到解决问题之办法。

当国内食品价格出现全面、快速和持续上涨时，它预示着我国可能已出现了全面通胀压力。因为食品价格全面上涨又会以循环的方式向其上下游产品的价格传导，并可能会形成新一轮的价格上涨浪潮。

◇ 你可以跑不赢刘翔，但一定要跑赢 CPI ◇

　　CPI 是指消费者物价指数，是反映与居民生活有关的产品及劳务价格统计出来的物价变动指标，通常作为衡量通货膨胀水平的重要指标。CPI 告诉人们，对普通家庭来说，购买具有代表性的一组商品，在今天要比过去某一时间多花费多少。在日常生活中，我们更关心的是通货膨胀率，它被定义为从一个时期到另一个时期价格水平变动的百分比。

如何才能跑赢 CPI

大多数理财专家提出建设性意见，他们的策略主要有以下几种：

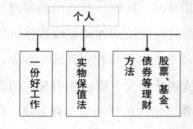

个人
- 一份好工作
- 实物保值法
- 股票、基金、债券等理财方法

国家
- 国家宏观调控

工资上涨能跑赢 CPI 吗？

　　物价在涨，工资也在涨，谁跑得更快？虽然多数城市工资总额在提升，但是排除物价上涨等因素后，实际上多数城市工资呈下降态势。

　　某单位发布数据：今年上半年在岗职工平均工资为 4237 元，同比增长 8%，总算是跑赢了 CPI。数据一出，拍砖无数，引发公众对统计口径与科学性的质疑。说到底，工资跑赢 CPI 是公众的梦想，梦想能否成真，账面上的利好永远不能替代腰包里的幸福感。

投资学越简单越实用
TOUZIXUE YUEJIANDAN YUESHIYONG

CPI高必然会导致居民存款出现严重的负利率情形，推升利率上调预期。由于随着银行信贷规模收紧及利率上升，将会对我国的房地产市场产生最为重要的影响。一旦房地产市场中的投资需求被遏制了，房价自然会回归理性。只要房价上涨得到遏制或这一问题得到解决，国内CPI波动趋势自然会随之调整。可以说，这是治理当前我国CPI高企问题的关键所在。

如果说，是股市的价值洼地吸引亿万股民入市，是基金的蝴蝶效应带领基民养"基"，那么，CPI上涨则成为剩余市民理财意识觉醒的助推器。

对于普通居民来说，既然跑赢刘翔难于登天，那么就选择跑赢CPI吧，至少轻松点。但忙着理了一年财的人们会发现，跑赢CPI也不是那么容易的事。"你可以跑不赢刘翔，但一定要跑赢CPI。"正是朝着这一个共同的目标，以前习惯存定期的人们，纷纷为跑赢CPI开始理财。

在理财前，一定要树立正确的理财观念，学习一定的理财知识，不跟风、不听信传言。只要对家庭财务进行合理规划，跑赢CPI应该不是难事。

"GDP"背后隐藏着什么

GDP即英文Gross Domestic Product的缩写，也就是国内生产总值。通常对GDP的定义为：一定时期内（一个季度或一年），一个国家或地区的经济中所生产出的全部最终产品和提供劳务的市场价值的总值。

在经济学中，常用GDP来衡量该国或地区的经济发展综合水平，这也是目前各个国家和地区常采用的衡量手段。GDP是宏观经济中最受关注的经济统计数字，因为它被认为是衡量国民经济发展情况最重要的一个指标。一般来说，国内生产总值有三种形态，即价值形态、收入形态和产品形态。从价值形态看，它是所有常驻单位在一定时期内生产的全部货物和服务价值与同期投入的全部非固定资产货物和服务价值的差额，即所有常驻单位的增加值之和；从收入形态看，它是所有常驻单位在一定时期内直接创造的收入之和；从产品形态看，它是货物和服务最终使用减去货物和服务进口。GDP反映的是国民经济各部门的增加值的总额。

在过去的20多年里，中国是世界上经济增长最快的国家，但是，由于中国资源的浪费、生态的退化和环境污染非常严重，在很大程度上抵消了经济增长的成果。

一直以来，一些地方政府始终将GDP放在第一位，往往忽视了环保。因为强调环保就要投入，许多工程就不能开工，就会影响GDP的增长。在"重发展、轻环保"思想的指导下，有些领导甚至要求环保部门为违法建设开绿灯。

为正确衡量我国的经济总量并正确地引导经济增长方式，我国正在积极推行绿色GDP的计算方法。改革现行的国民经济

◇ 莫让 GDP 成为我国环保的绊脚石 ◇

绿色 GDP

　　绿色 GDP 是指一个国家或地区在考虑了自然资源与环境因素影响之后经济活动的最终成果，即将经济活动中所付出的资源耗减成本和环境降级成本从 GDP 中予以扣除，用公式简单说明，即

$$绿色\ GDP\ =\ GDP\ 总量\ -\ 环境资源成本\ +\ 环境资源保护成本$$

揭露污染企业，不需要躲猫猫	GDP 服从环保

环保部门之所以对一些企业违法排污等情况"保密"，并热衷于采取私下解决的方式处理，是因为担心对当地的经济发展有影响。其实，环保和经济发展并不存在冲突。我们需要GDP，但更需要"绿色 GDP"。	面对严峻的节能减排形势，地方政府必须树立科学的发展观，完成"硬指标"要出"硬招数"，不动"真格的"换不来"蓝天碧水"。

核算体系，对环境资源进行核算，从现行GDP中扣除环境资源成本和对环境资源的保护服务费用，其计算结果可称为"绿色GDP"。

绿色GDP 用公式可以表示为：

绿色GDP ＝ GDP 总量-（环境资源成本＋环境资源保护服务费用）

通过绿色GDP 的试点，我们可以勾勒出一个日渐清晰的蓝本：民众需要舒适从容的生存空间，国家要走可持续的良性发展道路。

"人口红利"与经济发展的关系

提到印度，相当多的中国人总难掩饰自己的"优越感"。的确，作为一个人口与中国差不多的国家，印度在主要经济指标上与中国相去甚远。以2016年为例，中国人均GDP超过8000美元，而印度还不到2000美元。关于基础设施建设，印度自己也承认与中国的差距至少是20年！印度的制造业发展与工业化进程，也与中国有着较大的差距。

但是，人口众多的印度有着大量的年轻劳动力资源，这是印度可能超越中国的最大资本。虽然中国也有劳动力优势，但中国过早地耗费掉了"人口红利"。如果2030年前后中国的"人口红利"阶段出现转折点，2030年之后中国由"人口红利"阶段转为"人口负债"阶段，人口老龄化加速，将会使中国面临劳动力结构性短缺、储蓄率下降，以及社会养老负担日益加重的各种挑战。而与中国相比，印度的"人口红利"时期则可能比中国更长。

经济学中所谓的"人口红利"，是指一个国家的劳动年龄人口占总人口比重较大，抚养率比较低，为经济发展创造了有利的人口条件，整个国家的经济成高储蓄、高投资和高增长的局面。

严格来说，任何完成了人口转变的国家，都会出现这样一种"人口红利"。许多新兴工业化国家尤其是东亚国家因为人口转变的历程较短，往往只用几十年的时间就走完了发达国家上百年才完成的人口转变历程，因而人口年龄结构变化和经济高速增长之间表现出了非常强的关联性，人口转变给经济增长带来的"红利"效应开始被越来越多的人所注意。

日本是亚洲最早实现人口转变和经济腾飞的国家，"人口红利"也出现得最早，开始于1930—1935年，结束于1990—1995年，持续了60年左右的时间。其他亚洲国家包括中国、韩国、新加坡、泰国、马来西亚、印度尼西亚、菲律宾和越南等在内，差不多在晚于日本30年后出现"人口红利"，目前这些国家都正处在人口的"红利"期。

"人口红利"必然带来经济增长吗？观察上述处于"人口红利"期的国家，不难发现，这些国家在经济发展水平方面差异巨大。最富裕的国家如新加坡人均GDP超过5.5万多美元，而越南人均GDP在2016年仅有2300多美元。相同的"人口红利"期所导致的经济增长的不同结果，意味着"人口红利"并不必然导致经济增长。

◇ "老龄化"：我国人口红利已近尾声 ◇

经济学中的所谓"人口红利"，是指一个国家的劳动年龄人口占总人口比重较大，抚养率比较低，为经济发展创造了有利的人口条件，整个国家的经济成高储蓄、高投资和高增长的局面。

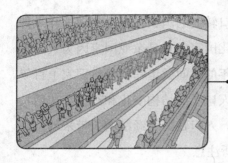

从1987年以来，人口出生率逐渐走低，中国当前正处在人口红利消失以及人口老龄化加速的关键转折期。

"老龄化"：我国人口红利已近尾声

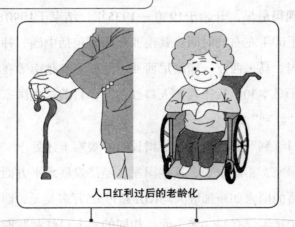

人口红利过后的老龄化

生育率水平和预期寿命的变化是决定人口老龄化的两大主因，前者又比后者影响大得多，中国老龄化的过程二者兼而有之。

其实不仅中国，就全球而言，老龄化导致的人口负增长已经成为一个魔咒，诸如日本、德国这些发达国家也都无法摆脱人口负增长的命运。

事实上，"人口红利"更像一个机会，只有抓住这一机会并加以很好地利用才能使"机会"转变为"红利"。如果在"人口红利"期，劳动力资源无法得到充分利用，则当人口的"机会窗口"关闭后，"人口红利"也会随之消失。

人民币升值利多还是弊多

人民币升值是指人民币汇率的升值，包括对内升值和对外升值，对内升值是指人民币货币购买力的增强；对外升值就是指人民币兑外汇的汇率下降。目前主要是指人民币兑美元升值。

从2003年至2012年，人民币连年升值。老百姓只听说："人民币又升值了。""美元兑人民币跌破8元大关，跌破7.9元、7.8元……"越来越频繁的升值对普通老百姓来说到底是利还是弊呢？

1. 人民币升值之利

（1）中国老百姓手中的财富更加值钱。

（2）减轻中国外债压力。

（3）有利于进口产业的发展。

2. 人民币升值之弊

国外产品大量涌进国内，冲击国内商品市场，会造成本国产品的滞销，影响经营国产品商场的利润。

人民币升值使我国的出口产品价格提高，不利于国际市场的竞争。如果这些企业没有在产品的质量、包装、成本等方面下苦功的话，会造成一些企业减产，导致雇用的工人减少，使失业的人员增加。

人民币升值了，外商在国内投资的费用就会增加，不利于外

◇ 人民币升值对中国有哪些积极的影响？ ◇

近一段时间，无论你是富商大贾，还是普通民众；也不管你是富裕，还是穷苦，恐怕都被有关"人民币是否会升值"的争吵磨出了耳茧。

人民币升值给中国带来的综合收益大于综合成本

有助于降低产品进口的成本

有助于抵挡国际热钱的投机

可以缓解贸易摩擦

人民币升值如何影响到人们的生活

哇，真便宜！

超市

中国百姓国际购买力增强

促进国内房价回归理性

降低"涉外消费"的成本

投资学越简单越实用
TOUZIXUE YUEJIANDAN YUESHIYONG

资的引进，这样人们的就业机会也会相应减少。

总的说来，人民币升值的积极影响表现在以下几个方面：

（1）有利于中国进口。

（2）原材料进口依赖型厂商成本下降。

（3）国内企业对外投资能力增强。

（4）在华外商投资企业赢利增加。

（5）中国GDP国际地位提高。

（6）增加国家税收收入。

（7）中国百姓国际购买力增强。

人民币汇率升值的负面影响表现在以下几个方面：

（1）人民币在资本账户下是不能自由兑换的，也就是说决定汇率的机制不是市场，改变没有意义。

（2）人民币升值会给国家的通货紧缩带来更大的压力。

（3）人民币汇率升值将导致对外资吸引力的下降，减少外商对中国的直接投资。

（4）给中国的外贸出口造成极大的损害。

（5）人民币汇率升值会降低中国企业的利润率，增大就业压力。

（6）财政赤字将由于人民币汇率的升值而增加，同时影响货币政策的稳定。

所以说，人民币升值是一把"双刃剑"。

通货膨胀的避风港在哪里

一般来说，当CPI增幅超过3％时，称为通货膨胀，通货膨胀的压力不容回避。如果某一时期一年期定期存款利率为2.25％，这意味着存款实际上已经亏本。在负利率时期里，居民的钱通过银行存款的方式存在银行里已不能起到保值增值的作用。

那么，在通货膨胀的形势下，可以选择什么样的投资理财方式来抵御通货膨胀所造成的影响呢？

1. 建立家庭理财安全组合

在动荡的金融形势下，投资者保持充足的家庭现金流非常重要。一般来说，不妨配置50％的资金在银行定期等收益稳定、流动性高、风险极低的产品上。在选择投资产品时首先要考虑保本的问题，其次才是追求增值，不妨配置40％的资金在债券等固定收益类产品。

2. 理财策略要攻守兼备

在行情好的时候，投资者可以随时将自己的股票、基金变现，即便是收益不大，但至少亏损程度在可承受范围内。投资者应该根据不同的目标，配置适合的理财产品组合，比如货币市场基金、国债、债券型基金和股票型基金等。在投资之前，家庭应注意规避风险，如人身风险、财产风险等。适合的保险规划是一个幸福家庭的守门员，因为保险产品具有其他理财产

◇ 积极理财，寻找通货膨胀时的避风港 ◇

金龙降喜　银龙吐财

投资理财规划时，必须要考虑通货膨胀导致的资产贬值影响，更好地设计自己的资产配置和理财规划，从而应对和规避通货膨胀带来的风险。

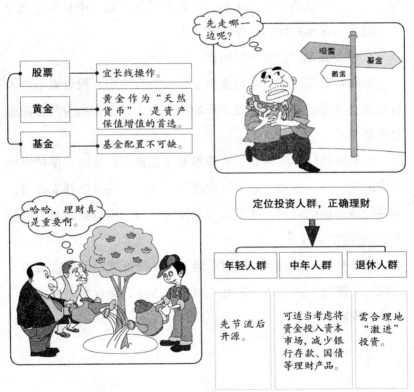

先走哪一边呢？

股票 → 宜长线操作。

黄金 → 黄金作为"天然货币"，是资产保值增值的首选。

基金 → 基金配置不可缺。

哈哈，理财真是重要啊。

定位投资人群，正确理财

年轻人群	中年人群	退休人群
先节流后开源。	可适当考虑将资金投入资本市场，减少银行存款、国债等理财产品。	需合理地"激进"投资。

品不可替代的作用，如可提供高额医疗费用，提供患重大疾病或残疾后的补偿和生活费用，提供除社保外的更高额的养老保障等。

3. 选择理财的"避风港"

在当前的金融形势下，投资者应该选择一些具有"避风港"作用的理财方式。

有不少投资者到银行将活期存款转为三年期、五年期的定存。新一轮降息周期已经来临，在此背景下，银行中长期定期存款无疑成为保本理财的一种理想方式。

4. 储备充足"过冬"的物资

金融危机期间，很多行业会受到影响和冲击，投资者的收入有可能会下降。在这样的经济环境中，个人或家庭的应急备用金要准备充足。

家庭成员应谨防减薪、失业等对家庭造成的冲击，保持家庭资产的流动性。比如，原来日常准备3～6个月的生活开支即可，而在经济动荡的时期，如果有其他投资行为，应急备用金应留够至少1年的生活开支。

处于金融风暴时期的理财生活，应该降低理财预期收益率，以低风险理财产品为主，做好"过冬"准备，保存实力迎接下一个景气周期。

经济危机带来哪些投资良机

对于投资者来说，危机就是机会。每一次危机皆有一批巨无霸型的企业或倒闭或衰败，但这些百年老店的陨落，恰恰给创业者的崛起带来了机遇。对于这一点，联想控股总裁柳传志在参加第八届中国创业投资年度论坛时表示，中国现在也处于经济危机之中，但长远来看，实际上给投资人带来了良好的投资机会。

许多世界富豪都是抓住了危机带来的机会，成就了自己的事业。人们耳熟能详的财富标杆人物巴菲特、李嘉诚的财富新起点都是在20世纪70年代的危机时代，如同巴菲特所言，买在"市场先生"害怕时，而不是"市场先生"大胆冒进时。2007年无疑是"市场先生"大胆冒进时，人们可以看到巴菲特、李嘉诚选择了撤退；而现在经济危机肆虐，是"市场先生"害怕时，那么创业者的机遇也正慢慢临近了。

巴菲特2008年10月16日投稿《纽约时报》，提醒投资者长期持有现金的风险，而且宣示加码股票投资。虽然至今全球股市仍处于筑底的过程之中，巴菲特现在增持股票就与2007年减持股票一样广受非议，但是最终"姜还是老的辣"，房利美和房地美近20年来一直是巴菲特下属哈撒韦公司重点持有的股票，但是在美国次贷危机爆发前的一年，巴菲特以看不清基本面为由清仓了，而2007年借国际油价攀高每桶90美元之际，清仓中石油H股也可谓经典，人们必须关注到在2007年之前全球资金流动性泛滥"市场先生"大胆冒进的两年，巴菲特始终在抛售股票囤积现金，至2008年上半年累计囤积超过400亿美元现金。但是现在当"市场先生"害怕时，巴菲特已至少将2/3的现金变成了股票型资产，巴菲特的理由就是："政府为缓解危机而实行的政策势必引发通胀，现金是注定会贬值的，这时投资才是最好的策略。"

对于普通投资者来说，最主要的投资品种就是股票和房产。从长线来看，人类的货币史，就是一部通货膨胀史，通货紧缩时间很短，通货膨胀占了绝大部分时间。2008年中国资产价格的调整给普通投资者投资A股指数和购置自住房产带来了良机，很多投资者却忽略了这个投资机遇，现在不免扼腕叹息。

其实所谓危机，可以理解为险境降临，也可以理解为危境中的机会。当股市陷入最低迷的时候，正是抄底的大好时机；当整个社会经济低落时，真正的英雄就可以大显身手了。

恩格尔系数有什么作用

子曰："食色，性也。"食是人类最基本的需要，是人的本性。中国人都知道"民以食为天"的古话，对老百姓来说，吃是天底下最大的事情。因此中国才形成了一个让外国人理解不了的现象，不管在哪儿见面，不管何时见面，总要问一句："吃了吗？"

可是，为什么"吃了吗"慢慢地被"你好"替代了呢？经济学家认为，原因是随着经济的发展，人们花在吃上的支出比例越来越少，而花在服装、汽车、娱乐上的消费比例越来越多了，"吃"在人们心目中的地位下降了。

这种现象被称为"恩格尔系数"降低。恩格尔系数是食品支出总额占个人消费支出总额的比重。

国际上常常用恩格尔系数来衡量一个国家和地区人民生活水平的状况。根据联合国粮农组织提出的标准，恩格尔系数在59%以上为贫困，50%~59%为温饱，40%~50%为小康，30%~40%

◇ 恩格尔定律 ◇

19世纪德国统计学家恩格尔根据统计资料，对消费结构的变化得出一个规律：一个家庭收入越少，家庭收入中（或总支出中）用来购买食物的支出所占的比例就越大，随着家庭收入的增加，家庭收入中（或总支出中）用来购买食物的支出则会下降。

推而广之，一个国家越穷，每个国民的平均收入中（或平均支出中）用于购买食物的支出所占比例就越大，随着国家的富裕，这个比例呈下降趋势。

恩格尔定律的公式

食物支出对总支出的比率（R1） = $\dfrac{\text{食物支出变动总百分比}}{\text{总支出变动百分比}}$

或

食物支出对收入的比率（R2） = $\dfrac{\text{食物支出变动百分比}}{\text{收入变动百分比}}$

为富裕，低于30%为最富裕。

随着经济的迅速发展，人们花在食物上的支出相对于以前已经多出不少，但是食物支出占整个家庭支出的比例已经呈现下降的趋势。花在住房、汽车、教育、娱乐等其他方面的支出占据越来越大的比重。这就是"恩格尔系数"降低。

加息下的投资策略

对普通老百姓来说，加息后，当务之急是尽快调整思路，以适应"加息通道"下的投资理财环境。

1. 盲目转存得不偿失

面对加息，很多市民肯定想到的是把手上的存款转存。而定期存款一旦转存，从以前的存入日到转存日这段时间的利息，将按照活期利率计算，转存日之后才按照新的定期利率计算。如果转存造成的利息损失大于新利率带来的收益，或基本持平，就没必要去银行"折腾"自己的存款了。

到底存了多久的定期存款提前支取后办理转存才划算呢？普通百姓可以通过一个公式判断，即以"存入天数=计息天数×（调整后利率—调整前利率）÷（调整后利率—活期利率）"的公式计算：1年期存款54天内、2年期存款112天内、3年期存款165天内、5年期存款288天内提前支取，这样转存同期限定期存款是最合算的。

投资学越简单越实用
TOUZIXUE YUEJIANDAN YUESHIYONG

2. 基金风水轮流转

债券基金由于其投资对象主要为我国的债券市场，而加息将直接导致债券的价格下跌，因此，加息将影响债券基金的收益，而且对于未来的加息预期，还将导致债券价格的下滑。不过，虽然加息对债券基金基本上是"利空"因素，却并不是所有的债券基金未来都没有投资价值了。对于投资者来说，应该关注债券基金公布的投资组合，如果持有的债券基金在今年上半年已经大幅调整了投资品种，增加了短期债券，减少了长期债券，把基金投资长期控制在比较低的水平，持有人就没有必要因为加息而赎回债券基金了。而对于准备投资债券基金的投资者来说，相当于投资中长期债券比例较高的债券基金，投资短期债券比较高的债券基金受加息的影响较小，仍然能够维持比较稳定的收益率。

加息使债券型基金可能失宠，而一度被打入"冷宫"的货币市场基金，则有望"咸鱼翻身"。货币市场基金由于投资央行票据，银行定期存款，大额存单等，这些投资标的收益会随着央行的加息而上涨，随着货币基金现有的短期、低息券种不断到期，从中长期来看，货币基金的收益率将会随着加息不断上升。但是值得注意的是，对于绝大多数的货币基金来说，其享受"加息收益"还需要一段时间。

3. 提前还贷有技巧

央行加息，使得人们对于市场进入加息周期的预期越来越强烈，特别是一度被人们淡忘的提前还贷问题，再度引起房贷持有人的关注。

　　加息后，百姓房贷成本到底增加多少呢？以贷款100万元，期限20年为例，假定以等额本息方式还款，在基准利率条件下加息前每月本息合计7129.94元，加息后为7245.31元，等于每月多支付了115.37元，利息总额多出27737.29元。由于本次加息幅度并不大，所以月供涨得并不多，不会对借款人造成太大压力。如果是第一套房，而且还享受7折利率，就不要考虑提前还贷了。本次加息后，五年期以上贷款基准利率是6.14%，7折优惠即4.298%，这是非常低的利率。按这样的加息幅度，就算再加两次，利率也只有6.54%，7折的利率为4.578%。事实上，贷款人能否享受到利率优惠，加息后的区别会更加明显，如果选择提前还贷，除非以后不再贷款，否则再贷款购房，就极有可能会被判定为二套房，利率为基准利率的1.1倍，可谓得不偿失。

　　此外，有专家提醒，经过加息，CPI和存款利率仍然是倒挂的，在负利率的情况下，可适当负债进行消费和投资，特别是可以选择低风险的银行理财产品。在加息周期中，理财产品的收益率会随利率调整作同向浮动，每加一次息，市面上的理财产品收益就会水涨船高一次。眼下买理财产品，以3个月左右为宜，超过半年的不要买。买短期理财产品，能比较快地享受到加息带来的产品收益上涨。

根据经济周期把握最佳投资机会

当投资人考虑投资时间的时候，还要考虑相关的经济形势、资金使用的时间等因素。我们要想能够正确地判断这些时间因素，那么首先就要认识一个地区范围内的经济运行和房地产发展的周期，掌握了这一经济起伏的规律，对房地产投资非常有帮助。

经济周期这一概念，是指经济波动中一起一落不断交替和重复的现象，这种周期就像一个"生物钟"，有规律地再现不同时期的各类经济活动。房地产作为一个国家经济的重要组成部分，与经济周期性变化必然存在着紧密的联系，投资者往往就是根据这种周期性的变化，对房地产市场价格的升降进行判断，确定其投资行为的。

房地产的价值变动，不是像股票市场那样大起大落，而是平缓波动式的。这种平缓的升降波动，形成了一个往复循环的周期。对各种短线炒作的地产商人来说，这种有机性的循环过程是极为重要的，能够帮助他们在合适的时机买进或卖出；对长线投资的人来说，掌握这种循环有利于他们掌握房屋贷款利息的调整情况和房地产价格变化的特点，更好地把握投资时机。

特别值得注意的是，房地产价格的升降，也往往与人们喜欢"跟风"的习性有关，一旦有人进入市场，许多人便不问青红皂白，一哄而起，尾随其后，短时间就把该地的房地产价格抬高；

◇ 房地产的跟风行为与价格起落 ◇

房地产市场与其他经济市场一样具有周期性，而且房地产市场的价格往往与人们的盲目跟风有关。

看到有人进入地产市场赚钱了，大家纷纷进入，开始哄抢，导致房地产价格一路上涨。

价格的抬高使得有人承受不了开始退出，又有人效仿，纷纷抛售，从而导致市价开始回落。

因此，在这个市场中必须找准买进点和卖出点，不盲目跟风，才能让自己有所收获。

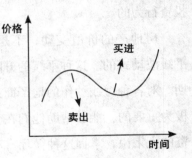

当有人卖出手中的房产时，又有一批人紧追而来，抛出自己的物业，导致房产价格回落。若想取得成功，那就应该清醒地认识房产起落的规律，避免卷入这种跟风的旋涡之中。

房地产投资是一项生意，既然是生意，按照它的市场循环周期，可能有时兴旺，有时萧条。同时，你要注意一个问题：尽管长线投资是房地产投资的主要方式，但并不是说时间的因素显得不重要。恰恰相反，即使有了其他因素利好的支持，但如果错误地判断了买卖时机，对房地产投资来说，仍然会造成极大损失。因为房地产和股票不同，任何一间房地产的买卖对一个投资者来说，只有一次获利的机会，我们很少看到有投资人把一个房地产多次买进卖出。在必要的情况下，房地产市场出现可以投机的可能时，当然要抓紧，不要错过获利的机会。

　　投资时机决定着房价未来的走势，它受经济周期、供求关系、购买能力等因素的直接制约。在经济周期的峰顶和谷底，房地产市场过于旺盛或过于低迷时，进行房地产投资，都是不理智的，其结果可能是贬值或者长时间不升值。你可以采取"低吸高抛"的做法，在经济上升初期、供过于求时买入，然后出租，在经济狂热、供不应求时卖出。

第三章 打造投资组合利器，分散规避投资风险

钱不多的人也要进行资产配置吗

作为普通投资者，要想达到自己理财的目的，将个人风险降到最低，重点就在于把握资产配置。很多人认为，只有资产雄厚的人才需要进行资产配置，如果钱本来不多，索性赌一把，就无须再配置了。其实不然，资产配置的本意就是指为了规避投资风险，在可接受的风险范围内获取最高收益。其方法是通过确定投资组合中不同资产的类别及比例，各种资产性质的不同，在相同的市场条件下可能会呈现截然不同的反应，而进行风险抵消，享受平均收益。比如，股票收益高，风险也高。债券收益不高，但是比较稳定。银行利息较低，但适当的储蓄能保证遇到意外时不愁无资金周转。有了这样的组合，即使某项投资发生严重亏损，也不至于让自己陷入窘境。

◇ 普通家庭如何做好资产配置 ◇

月入 6000 元工薪家庭的理财规划

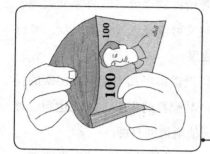

　　考虑到年轻人的抗风险能力和心理承受能力都比较强，家庭资产处于积累期，所以专家建议高风险产品占的比例在 50% 左右，中风险所占的比例可以在 20% 左右，而低风险产品则是人们相对比较熟悉的一些项目，比例可以控制在 30% 以内。

被股市套牢，家庭理财有 4 招

1. 根据自己的投资经验和风险承受能力适当地调整股票的持有，建议根据价值投资的理论选择蓝筹股并且长期投资。

2. 基金投资策略方面，建议进行一定的调整：根据市场动态，适当地将目前单一的股票型基金按照一定比例，调整为债券基金或混合型基金。

3. 考虑持有黄金、艺术品等能较好抵御 CPI 增长及通货膨胀的资产。

4. 购买银行理财产品，稳健对抗 CPI。

风险偏好是做好资产配置的首要前提，通过银行的风险测评系统，可以对不同客户的风险偏好及风险承受能力做个大致的预测，再结合投资者自身的家庭财务状况和未来目标等因素，为投资者配置理财产品、基金和保险等所占的比重，既科学又直观，在为投资者把握了投资机会的同时又可以降低投资的风险，可以说是为投资者起到了量身定制的效果。

在不同期限、不同币种、不同投资市场和不同风险层次的投资工具中，需要根据不同客户对产品配置的需求，才能达到合理分散风险、把握投资机会、财富保值增值的目标。

若以投资期限的不同来划分，可将资产配置划分为短期、中期和长期三种方式。短期产品以"超短期灵通快线"、7天滚动型、28天滚动型理财产品和货币基金为主；中期产品由"稳得利"理财产品及债券型基金、股票型基金组成；长期产品则以万能型、分红型保险、保本型基金居多。

若以风险程度的不同来划分，可将资产配置划分为保守型、稳健型、进取型三大类。保守型配置，由银行短期理财产品、货币型基金、分红型保险等组成；稳健型配置，由银行中长期理财产品、保本型基金、万能型保险等组成；进取型配置，由偏股型基金、混合型基金、投资连结保险等组成。

另外，作为资产配置的一部分，个人投资者也不应忽视黄金这一投资品种，无论是出于资产保值或是投资的目的，都可以将黄金作为资产配置的考虑对象。像工行的纸黄金、实物黄金和黄金回购业务的展开，也为广大投资者提供了一个很好的投资平台。

在如此众多的选择前提下，再配合以理财师的专业眼光和科学分析，为投资者精选各种投资工具的具体品种，让你尽享资产配置的好处与优势。

投资组合的三种方式

一般来说，根据投资组合实施时所依据的主要条件的不同，投资组合可以分为三种方式，即投资工具组合、投资比例组合、投资时间组合。

1. 投资工具组合

投资工具组合即投资者并非把全部资金都用来进行一种投资，而应该将资金分成若干部分，分别选择不同的投资工具，进行不同领域的投资。

当市场环境相同时，投资工具不同，其风险程度也不同，有的甚至是截然相反的。例如，在国家银行利率上调时，储蓄存款收益率高，风险很小；而股票市场则面临股价狂跌的风险，不仅收益率很低，甚至还会成为负数。当银行利率下调时，储蓄投资的利率风险增大，收益降低。但是，此时的股票市场则会因股价大幅上涨，收益率获得空前提高。

2. 投资比例组合

投资比例组合是指投资者在实际投资时，使用的不同的投资工具在数量、金额上存在一定的比例关系。

由于投资工具的不同，其风险和收益水平也不同，流动性也不同；同时，由于投资者对收益的期望和对风险的偏好不同，投资者所选择的投资组合的比例也有所不同。

3. 投资时间组合

投资时间组合，即投资者并非把全部资金一次性地用于投资，而是将资金分次分批，有计划地进行投资。一般情况下，不同投资工具在期限上应是长期、中期和短期相结合。

投资组合要遵守的四大原则

投资者使用什么样的投资组合，要视具体情况而定，还应遵循以下原则：

1. 资金原则

在投资市场中资金丰裕的人可以选择风险较大的投资工具，即使损失掉这笔钱，也不会给自己的工作、生活造成多大影响；相反，资金少，尤其是靠省吃俭用、积攒投资资金的人，千万不要选择风险较大的投资工具，而应选取风险较小的投资组合。

2. 时间原则

投资不仅仅是一种金钱的投资，更是时间的投入，所有的投资过程都需要时间。而且，各种投资工具的特点各不相同，对投资者的知识、技能要求也不同，投资者从了解认识到熟练地掌握、运用一种投资工具，都需要花费一定的时间。

3. 能力原则

投资者的知识越丰富，技能越高超，就有越多的获胜机会。兵法上讲究集中力量，力量越集中，杀伤力越强，越容易制胜。投资者也要发挥和集中自己的能力。同时要牢记一点，投资组合中的工具选择应是自己比较熟悉、力所能及的。

4. 心理原则

心理承受能力强的人，可以选择风险高、高收益的投资组合，因为他们能够冷静地面对投资中的波折与失败，不会惊慌失措；相反，心理承受能力弱的人，则不宜选择高风险的投资组合，因为他们总担心失败，无法做出正确的决策，导致损失越来越大。

如何合理地选择投资组合

投资者进行的投资应该是一种理性投资，以不影响个人的正常生活为前提，把实现资本保值增值、提升个人的生活质量作为投资的最终目的。因此，个人投资首先必须使财产、人身有一定保障，无论采取什么样的投资组合模式，无论比例大小，储蓄和保险都应该是个人投资中不可或缺的组成部分。所以，要选择适合自己的投资组合模式。

由于投资者类型和投资目标不同，一般个人投资组合可以分为三种基本模式：

1. 冒险速进型投资组合

这一投资组合模式适用于那些收入颇丰、资金实力雄厚、没有后顾之忧的个人投资者。其特点是风险和收益水平都很高，投机的成分比较重。

这种组合模式呈现出一个倒金字塔形结构，各种投资在资金比例分配上大约为：储蓄、保险投资为20%左右，债券、股票等投资为30%左右，期货、外汇、房地产等投资为50%左右。

投资者要慎重采用这种模式，在作出投资决定之前，首先要正确估计出自己承受风险的能力。对于高薪阶层来说，家庭财富比较殷实，每月收入远远高于支出，那么，将手中的闲散资金用于进行高风险、高收益组合投资，更能见效。由于这类投资者收入较高，即使偶尔发生损失，也容易弥补。

2. 稳中求进型投资组合

这一类投资组合模式适用于中等以上收入，有较大风险承受能力，不满足于只是获取平均收益的投资者，他们与保守安全型投资者相比更希望个人财富能迅速增长。

这种投资组合模式呈现出一种锥形组织结构。各种投资的资金分配比例大约为：储蓄、保险投资为40%左右，债券投资为20%左右，基金、股票投资为20%左右，其他投资为20%左右。

这一投资模式适合以下两个年龄段的人群：从结婚到35岁，这个年龄段的人精力充沛，收入增长快，即使跌倒了，也容易爬起来，很适合采用这种投资组合模式；45~50 岁，这个年龄阶段的人，孩子成年了，家庭负担减轻且家庭略有储蓄，也可以采用这种模式。

3. 保守安全型投资组合

这一类投资组合模式适用于收入不高，追求资金安全的投资者。保守安全型投资组合具有以下特点：

保守安全型的投资组合模式呈现出一个正金字塔形结构。各种投资的资金分配比例关系大约为：储蓄、保险投资为70%（储蓄占60%，保险占10%）左右，债券投资为20% 左右，其他投资为10% 左右。保险和储蓄这两种收益平稳、风险极小的投资工具构成了稳固、坚实的塔基，即使其他方面的投资失败也不会危及个人的正常生活，不能收回本金的可能性较小。

如何进行家庭式组合投资

面对各式各样的投资，要想使自己的资产既安全又能得到较高的回报，理财专家建议人们实行组合投资，即将诸项投资按一定比例进行搭配组合，扬长避短，减少投资风险，以期获得最大的投资收益。目前，这种新型的家庭理财方式越来越受到老百姓的青睐，成为现代投资理财新理念。

组合式投资方式给现代家庭的投资理财观念带来了新的变革，人们越来越认识到单项投资具有风险性与局限性，开始由单项型向组合型转变。

另外，除了以上将储蓄进行组合式理财外，不少城乡百姓，将积蓄按比例分成几大块进行组合投资，一部分用来炒股或购买债券。股票市场风云变幻，起伏不定，虽说炒股收益大，但风险也大，可以以长期投资的心态少量购买，即使"套牢"也不会损

◇"双独"子女家庭如何理财◇

以前由于计划生育的控制，现在很多家庭都是独生子女家庭，因而这些独生子女将来家庭的构造就是"4+2+1"，两个年轻人赡养4个老人，抚养1个小孩，肩上负担之重可想而知，那"双独"子女家庭如何理财呢？

分析规划

从家庭现有资产和每年结余规划 → 子女教育金的规划 → 提前还房贷

家庭要有选择的保险产品 ← 家庭的出游计划 ← 部分投资金融产品

失太大。即使炒股失败，由于还有银行储蓄和人寿保险，仍能维持正常的生活。

在实行组合式投资时，理财专家特别强调，要想使资产结构合理，还必须注意所投资商品的持有期限与目标的完成期限相契合，不要以短期的投资工具（如短期债券）来完成长期的理财目标（如养老），也不要以长期的投资工具（如股票）来完成短期的目标（如购买电器）。无论采取何种投资组合模式。储蓄和保险投资都应该是不可或缺的组成部分。在考虑选择投资方案之前，最好能对有关方面的政策法规有一定的了解，以便结合自己的需要进行合理优化投资组合。

投资的关键是要保住本金

通过炒股累积了大量财富的沃伦·巴菲特，在谈到自己的成功秘诀时说："投资原则一，绝对不能把本钱丢了；投资原则二，一定要坚守投资原则一。"

成功投资的基本原则有三：稳定性、回报率、周转率。这三者成功协调的程度决定了富人们赚钱的多少，最完美的效果就是三者步调一致。

但相对而言，稳定性强的投资对象，其收益性要低一些。回报率就是你投入的本金为你带来的收益回报和资本扩张的额度。例如，最近韩国的股票市场比较活跃，因而在韩国，股票就是回报率最高的投资对象。但回报率高的商品，在投资的过程中伴随的风险也较高，稳定性也较差。周转率就是能在多长的时间里把投资的本钱收回来。将相同的2亿韩元分别投资到银行商品、股票以及房地产当中，周转率最高的投资对象就是银行商品；反之，房地产的周转率最低，因为房地产要还原成现金，需要一段时间。

那么一般来说，在这三大原则当中，富豪们最看重的是哪一个原则呢？

大部分五六十岁的传统富豪最看重的是稳定性，在投资时也是首选能稳定赚钱的商品，但是富人不像普通人那样，为还清贷款而努力，而是努力用贷款来进行投资。借债必然伴随着风险，在此没有必要再强调。不过新生代富豪们并不是顶着风险去投资的，他们都是管理风险的高手。他们为了将投资风险降到最低，鲜有选择短期债投资，而是选择长期债投资；还有，之前也强调了，新生代富豪致富的第一步就是储蓄，这也是他们重视稳定性的理由。

韩国人公认的房地产投资高手慎永根先生强调："未来能获益多少是做事业的关键，但比这更重要的是你能否在未来还能保住现在的本钱。"慎先生再次强调，那些想一夜暴富而不安心稳定投资的人，最后连本钱都保不住，倾家荡产的人不计其数。

赚钱固然重要，但保住本钱更为重要。许多人都抱着赚大钱的梦想，但倘若不学习如何挣钱、管理钱和把钱守住的方法，这些梦想最终都是黄粱一梦。

◇ 成功投资的基本原则 ◇

成功投资的基本原则有三：稳定性、回报率、周转率。

要说最具稳定性的投资商品，非银行的固定利息产品莫属。但相对而言，稳定性强的投资对象，其收益性要低一些。

稳定性

这三者成功协调的程度决定了富人们赚钱的多少，最完美的效果就是三者步调一致。

周转率　　　　　　　**回报率**

回报率就是你投入的本金为你带来的收益回报和资本扩张的额度。

回报率高的商品，在投资的过程中伴随的风险也较高，稳定性也较差。

周转率就是能在多长的时间里把投资的本钱收回来。将相同的 2 亿元分别投资到银行商品、股票以及房地产当中，周转率最高的投资对象就是银行商品；反之，房地产的周转率最低，因为房地产要变成现金，需要一段时间。

房地产周转慢，所以我的还没有收回来。

咱俩同时投资的钱我的已经收回来了。

如何挣大钱？非常简单，亏本没亏到本钱的份儿上，这就是事业。倘若连本钱都保全不了，这样的事业能坚持多久呢？

评估自己的风险承受能力

布袋和尚有首禅理诗："手把青秧插满田，低头望见水中天。六根清净方为道，退步原来是向前。"细品之下，其中蕴含的哲理跟现在热门的投资理财也多有相通之处。

很多城里小孩认为农民伯伯插秧就像走路一样，是向前一点一点插的。但这只是想当然的结果。如果你观察过农夫在田中如何插秧苗，你就会发现农夫都是躬着身子，一步一步向后倒退着插的。看起来农夫的脚步是向后不断退让，实际上却是一步步前进，直到把秧苗插满了整个农田。以退为进，似退实进，事物的道理有时就是这么高妙。

投资理财也常需要我们抱着以退为进的想法，才能在这风云多变的市场上立于不败之地。投资理财，如果能一开始就抱有以退为进的想法，反倒更容易获取回报。

例如，当你准备投资基金时，不妨先假设买了基金之后，市场行情突然大跌，你惨遭套牢。然后你再问自己："我会不会难过到吃不下饭、睡不着觉？我的工作、生活会不会因此受到很大的影响？我可以忍受跌到什么程度？"如果答案是你根本无法承受下跌风险，那就表示你不适合投资基金，你就要有自知之明主动选择放弃。而如果答案是你可以忍受基金较大幅度的下跌，并且保证对你的工作、生活没有什么不良影响，那么恭喜你，你可以放心投资基金了。

只有具有安然的心态，才能成功渡过市场的惊涛骇浪，迎来丽日蓝天的大步前进。

以退为进，退是为了更好地进。看似在考虑退路，实际上却是为了让你能最终稳健前进，避免因恐慌而杀跌出局。恐惧与贪婪是投资者的两大心魔，让自己预先充分设想恐惧，正是克服恐惧心理的一个很好的方法。

以退为进，暂退一点又何妨？只要你在投资之前做好了最坏的打算，无论发生多么猛烈的下跌你也照样吃得香、睡得香，那还有什么风险能阻挡得了你通过投资理财，赢取财富回报的前进步伐呢？

建议测量法：我属于哪一种投资类型

（1）你现在的年龄是？

A. 29岁以下　5分

B. 30～39岁　4分

C. 40～49岁　3分

D. 50～59岁　2分

E. 60岁以上　1分

（2）你计划从何时开始提领你投资的部分金额？

A. 至少20年以上　5分

B. 10～20年　4分

C. 6～10年　3分

D. 2～5年　2分

E. 2年以内　1分

（3）你的理财目标是？

A. 资产迅速成长　5分

B. 资产稳健成长　3分

C. 避免财产损失　1分

（4）以下哪一项描述比较接近你对投资的态度？

A. 我寻求长期投资报酬最大化，所以可以承担因市场价格波动所造成的较大投资风险　5分

B. 我比较注重投资报酬率的增加，所以可以承担一些因市场价格波动所造成的短期投资风险　4分

C. 市场价格波动与投资报酬率对我来说同样重要　3分

D. 我比较希望市场价格的波动小一些，投资回报率低一些没关系　2分

E. 我想要避开市场价格波动，愿意接受较低的投资报酬率，而不愿意承受资产亏损的风险　1分

（5）请说明你对通货膨胀与投资的态度：

A. 我的目标是让金融报酬率明显超出通货膨胀率，并愿意为此承担较大的投资风险　5分

B. 我的目标是让投资报酬率稍高于通货膨胀率，若因此而多

承担一些投资的风险是可以的　3分

C. 我的目标是让投资报酬率等于通货膨胀的速度，但是要尽量减低投资组合价值变动的幅度　1分

（6）假设你有一笔庞大的资金投资在股票中，并且该投资呈现三级跳的涨幅。比如说，一个月增值了20%，你可能采取什么行动？

A. 投入更多资金在该股票上　5分

B. 继续持有该标的　4分

C. 卖掉少于一半的部分，实现部分获利　3分

D. 卖掉大于一半的部分，实现大部分投资获利　2分

E. 卖掉所有的，获利了结　1分

（7）假设你有一笔庞大的资金投资在股票中，并且在过去的一年中该笔投资价值持续下滑，比方说，你的资产在这段时间中下跌了25%，你可能会采取什么行动？

A. 增加投资　5分

B. 继续持有该标的　4分

C. 卖掉少于一半的部分　3分

D. 卖掉大于一半的部分　2分

E. 卖掉所有的　1分

通过对以上七个问题的分析，我们可以将投资归纳为下列3种类型：

7～15分：保守型投资人，可以忍受风险低。建议：对资金的流动性要充分考虑，以银行存款、保险为主，兼有一些基金、

国债投资，避免介入风险较大的投资领域。

16～30分：稳健型投资人，可承受中度风险。建议：保持一定的投资组合，既顾及投资的收益性，又考虑到安全性，此外买一定数量的保险很重要。

31～35分：积极型投资人，可忍受高风险。建议：你可以选择在收益性更大的投资项目上投入更多的资产，比如股票、信托、股票型基金等，承担一定的风险，以获取更大的收益。

防范投资中的各种陷阱

现在，投资市场异常火热，在投资过程中，投资者还要防范下面的几种陷阱，以防被诈骗。

1. 不要盲目跟随"炒股博客"炒股

股市火爆带动各种"炒股博客"如雨后春笋般涌现，投资者若盲目跟随"炒股博客"炒股，将可能面临财产损失求告无门的风险。同时，"炒股博客"可能成为"庄家"操纵市场的工具，股民若盲目将"炒股博客"上获取的所谓"专家意见"当成投资依据，只会大大增加投资风险，很有可能血本无归。

2. 谨防民间私募基金

从2006年下半年股市逐渐升温以后，新入市的投资者有相当一部分对股票、基金等一窍不通，这就让民间私募基金有机可乘，其常常以咨询公司、顾问公司、投资公司、理财工作室甚至个人名义，以委托理财方式为其提供服务。但事实上，民间私募基金本身并不是合法的金融机构，或不是完全合法的受托集合理财机构，其业务主体资格存在瑕疵。另外，民间私募基金与投资者之间签订的管理合同或其他类似的投资协议，往往存在保证本金安全、保证收益率等不受法律保护的条款。

3. 谨防非法证券投资咨询机构诈骗

有些非法证券投资咨询机构利用股市火爆，趁机对投资者实施诈骗活动。例如，前些年深圳有关执法机构就联合查处了罗湖和福田两区8家非法证券投资咨询公司的非法经营行为。这些公司通过电话、电视和网络等方式大肆向全国各地做广告，宣称推出了新的理财方式，会员无须缴纳会员费，只要将自己的资金账户、证券账户及交易密码告知公司的业务员，公司就可代会员进行股票买卖，联合坐庄，保证每年100%或者更高的收益，盈利后按约定的比例收取咨询费用。但实际情况却是，这种公司取得投资者的资金账户、证券账户和密码后，会以对坐庄个股保密为由，立即修改密码，然后将账户中的股票全部卖出或将资金全部转走。

总而言之，投资是自己的事，用的也是自己的钱，投资人在投资过程中务必谨小慎微，否则一个不小心，就可能给自己带来巨大的资金风险。

莫把"投资"当"投机"

投机和投资最终都是为了获利，都是通过交易的手段。很多时候人们所说的"投资"其实都是投机行为，比如说"投资黄金""投资房产""投资郁金香"……人们认为自己是投资者，其实对自己"投资"对象的价值从未去设法了解，只是根据其价格的变化进行交易。因此，从本质上是投机交易。优秀的投机交易必须遵循一定的规则：入场、目标价格区间、获利出场、止损出场，必须要制订明确的交易计划并严格执行，才可能在投机市场取得长久的收益。

投机交易是一种充满智慧和技巧的交易方式，交易者需要长时间的训练才能达到稳定获利的水准。

在炒股的时候，很多投资者始终不明白这样一个问题，做股票到底是投资还是投机？投资就是长期持有股票，分享公司成长带来的收益。结合现在的市场，投资的概念还可以再缩短一些，只要持有期限在一年以上的就可以算是投资了。投机就是通过二级市场的差价获取收益，持有期限比较短，甚至可以短至一个交易日。

不同的投资者会选择不同的方式。有些投资者启动资金很少，但又希望通过炒股而成为富人，那就只有投机才有可能达到目标。

假设有资金5万元，用投资的方法，而且抓到了一家罕见的10年涨10倍的股票，那么10年后的资金是50万元，离富人的目标还相当遥远。同样是投入5万元，投资者用投机的方法每年翻一倍，这样五年后就是160万元。接着再进行投资，假设年收益率很低，只有30%，这样再过5年资金将近600万元。两种方法的差异在10倍以上。

　　大势对于投机并不重要，投机只看重个股，否则的话手里拿着5万元永远也圆不了富人的梦。也一定会有人讥笑投机很累。但投资者都知道，所有的成功者都是累出来的。累也许不一定能获得成功，但不累是肯定不能获得成功的。

◇ 股市周期 ◇

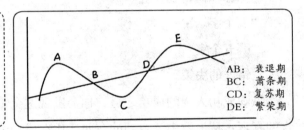

股票有时会涨有时会跌，很多人在研究股票涨与跌的规律，而事实上，股市确实存在一定的周期规律。

AB：衰退期
BC：萧条期
CD：复苏期
DE：繁荣期

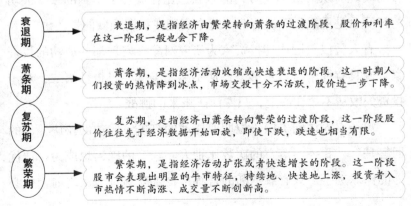

衰退期　　衰退期，是指经济由繁荣转向萧条的过渡阶段，股价和利率在这一阶段一般也会下降。

萧条期　　萧条期，是指经济活动收缩或快速衰退的阶段，这一时期人们投资的热情降到冰点，市场交投十分不活跃，股价进一步下降。

复苏期　　复苏期，是指经济由萧条转向繁荣的过渡阶段，这一阶段股价往往先于经济数据开始回旋，即使下跌，跌速也相当有限。

繁荣期　　繁荣期，是指经济活动扩张或者快速增长的阶段。这一阶段股市会表现出明显的牛市特征，持续地、快速地上涨，投资者入市热情不断高涨、成交量不断创新高。

如果投资者只是为了资金的保值、增值，或者手头资金非常多，那么可以远离投机。

从自己的错误中学习

"你的成功秘诀是什么？"有人这样问一个银行总裁。

"五个字：正确的决策。"

"那你如何做出正确的决策？"

"两个字：经验。"

"那你如何得到经验？"

"五个字。"

"哪五个字？"

"错误的决策。"

纵观成功人士的成功之道，你会发现这个银行总裁的话中蕴含的真理：从失败中学习到的东西远比在成功中学到的多。成功的背后总是重重失败的历练。这个真理在投资领域同样正确。

有人曾以美国成功投资家为研究对象，发现那些成功的投资家普遍具有两个特点：第一，从不抱完美主义思想。第二，对于投资失败从不放在心上，只专注于未来的挑战。

曾经有人访问美国一位职业棒球的打击王成功的秘诀，他的回答是："我挥棒落空的次数比别人多。"的确，想成为一位优秀的棒球选手，只有靠不断的苦练，在练就高打击率之前，他必

◇ 看索罗斯如何从错误中学习 ◇

如何在第一时间发现自己的投资错误，索罗斯有一套独特的方法，值得我们大家借鉴。这套方法就是通过理论和身体本能的结合来寻找错误，具体来说有以下几方面。

第一，问问自己想正确投资或者说是必须正确投资的时候，会产生哪些感想。若自认为正确却出现不断地亏损，是否会产生"市场有问题"的想法？

内部有压迫感

内心舒坦

第二，暂时将交易情况抛到脑后，闭上你的眼睛，问自己："现在我的身体内部感觉如何？"一般有两种答案：一为"内部有压迫感"，二为"内心舒坦"。

第三，如果对自己最初的分析判断信心十足，自认为市场"前途光明"，因而拼命为亏损去补仓，交易最终如愿以偿，你是否还会坚信自己的分析判断？

第四，回想交易最糟糕的时候，问自己当时想要正确投资时的身体感受，然后在内心感觉一下，身体是否有不同的感受？当我们怀着"正确"的态度去交易，我们的内心会产生某种情绪化的东西。回想那种状态，直到你感受到这种情绪。

然比别人挥过更多的棒，也尝过更多挥棒落空的滋味。如果细读成功人士的传记，常可体会一句话："成功的人所经历的失败，比失败的人还要多。"失败乃成功之母，这句话放之四海而皆准，投资理财也不例外。

成功投资的入门条件便是要经得起亏损的考验，一个未失败过的人成不了大器；一个未受过损失、经历洗礼的人也别想赚大钱。如果你要求自己每次投资都不能损失，或每次损失后就悔不当初而自责，久而久之，你会发觉最佳的策略就是极度保守，不冒任何风险，这样一来，投资理财无法成功也就不足为奇了。

诚如索罗斯所说："最失败的一种投资结果就是从来没有败过。"如果投资不犯错，那么就永远没有成功的机会。获取成功最佳的途径就是先失败，并要学会怎样利用失败，且投资人千万不要忘记败绩，因为那是得胜之论。成功的投资者不会因为失败而怀忧丧志，而是回过头来分析、检讨当初的投资决策，从中吸取经验。

只有从错误中才能获取投资经验。如果你想教一个人骑自行车，你会怎么做？给他一本参考书？带他去听一段冗长的演讲，让他了解骑自行车的物理原理，了解保持平衡、转弯、起步和停车的方法；还是给他几点指示，让他骑上车子，轻轻推他一下，让他一次次地跌倒，直到他自己领会了骑车的技巧？

我们都知道试图从书本上或演讲中学会骑自行车是荒唐可笑的。其实所有的人都只有一种学习方法：犯很多很多的错误，然后从错误中获取经验。

第四章 在机会和风险中"淘金"
——股票投资

选股八大原则

市场上有千万种股票，面对各种股票，任何一个投资者即使有雄厚的资金，也不可能同时购买市场上的所有股票。如何选择风险小、收益大的股票进行投资，确实是一件难事。对于资金数量不多的小额投资者而言，在眼花缭乱的大量股票中选择好投资对象，就更为不易。正因为如此，便有"选股如选美"的感叹。但是，选股并非毫无策略可言，下述方法可谓选股之真谛。

1. 根据公司业绩选股

公司业绩是股票价格变动的根本力量。公司业绩优良，其股票价格必将稳步持续上升，反之则会下降。因此，长线投资者应主要考虑公司业绩进行选股。衡量公司业绩最主要的指标是每股赢利及其增长率。根据我国公司的现状，一般认为每股税后赢利

8元以上且年增长率在25%以上者，具有长期投资价值。

2. 根据经济周期选股

不同行业的公司股票在经济周期的不同阶段，其市场表现大不一样。有的公司对经济周期变动的影响极为敏感，经济繁荣时，公司业务发展很快，赢利也极为丰厚；反之，经济衰退时，其业绩也明显下降。另一类公司受经济繁荣或衰退的影响则不大，繁荣时期，其赢利不会大幅上升，衰退时期亦无明显减少，甚至还可能更好。因此，在经济繁荣时期，投资者最好选择前一类股票；而在经济不景气或衰退时，最好选择后一类股票。

3. 根据每股净资产值选股

每股净资产值即股票的"含金量"，它是股票的内在价值，是公司即期资产中真正属于股东的且有实物或现金形式存在的权益，它是股票价格变动的内在支配力量。在通常情况下，每股净资产值必须高于每股票面值，但通常低于股票市价，因为市价总是包含了投资者的预期。在市价一定的情况下，每股净资产值越高的股票越具有投资价值。因此，投资者应当选择每股净资产值高的股票来进行投资。

4. 根据股票市盈率选股

市盈率是一个综合性指标，长线投资者可以从中看出股票投资的翻本期，短线投资者则可从中观察到股票价格的高低。一般来说，应选择市盈率较低的股票。但市盈率长期偏低的股票未必值得选择，因为它可能是不活跃、不被大多数投资者看好的股票，而市场永远是由大众行为决定的，因此，其价格也很难攀升。至于市盈率究竟在何种水平的股票值得选择，并无绝对标准。从我国目前经济发展和企业成长状况来看，市盈率在20左右不算高。

5. 根据股票的市场表现选股

股票的净资产是股票市场表现的基础，但两者并非完全对应，即净资产值高的股票，其市价不一定都有良好的表现，相同或相近净资产值的股票，其市价可能有较大差异。因此，对短线投资者而言，市场价格如何变动，即其波动幅度大不大，上升空间广不广，亦是选股的重要依据。一般地说，短线操作者最好选择那些短期内有较大上升空间或市价波动幅度大的股票，这些股票提供的短期获利机会较大。

6. 根据个人情况选股

大多数投资者常对某些股票有所偏好，这可能是因为对这类股票的公司业务较熟悉，或是对这类股票的个性较易驾驭，或是操作起来得心应手，等等。根据个人情况选股时，要全面考虑自己的资金、风险、心理、时间、知识等方面的承受能力。比如有的股票经常大起大落，变动无常，就不宜于在上述方面承受能力不强的投资者选择。

7. 根据股价涨幅超前与否选股

通常同一行业中最好的两三只股票会有强劲的走势，而其他的股票则步履维艰。前者被称为"领导股"，后者便是所谓的

"同情股"。"领导股"也是涨幅超前股,是投资者应选择的对象。如何发现这些"领导股"呢? 一个简易的方法是股票相对价格强度测定法。所谓"相对价格强度",是指某种股票在一定时期内涨价幅度与同期的股价指数或其他股票的涨幅度的比值。通常认为,相对价格强度在80以上的股票极具选择价值。

8.根据多头市场的四段行情选股

多头市场的行情走势通常可分为四段行情。

◇ **多头市场选股通常有哪四段行情** ◇

① 第一段行情为股价急升行情,整个市场的升幅极大,通常占整个多头行情的50%。

② 第二段行情也是相当有利的,股价指数的升幅超出整个多头行情的25%。

③ 第三段行情的涨幅明显较小,一般少于整个多头行情的25%,而且只有极有限的股票继续上升。

④ 第四段行情是多头市场即将完结的行情,此时该涨的股票都已涨得差不多了,只有绩优成长股以及可在经济困境中获利的少数股票,才可能继续上升。

实用选股三大技巧

技巧一:查日前涨跌排行榜。

涨跌排行榜分为日涨跌幅排行、即时涨跌排行、板块分类涨跌排行、地区分类涨跌排行榜等。在选股前,一般应先查清各类排行前二十名的一月升涨情况,以便尽快地找出整个大市中的龙头股。其中龙头股一般为引领大盘的领头羊，升速既快升幅又大。除了大盘一波行情行将结束时，一般情况下龙头股常会连月高涨，比一般的个股有如天壤之别。例如2006年一波中的宏达、多佳等。同期比较时，它们与其他的个股升幅相差很大，当大盘第一波势走完时，它们总升涨率都已在100%以上。选到这样的好股，无论中线或短线（长线例外），如能在其中低价位进入，都是能有所收获的。抓住这样的中线好股，胜似长线十年。股市最终以资本利润说话，如持股三年的总兑利润为10%，这跟持三天的兑利10%没什么区别。因为在同等的比价条件下，风险和利益也均等，唯一的区别仅是方式不同而已。入市前多查查各类的涨跌排行榜，有利于了解当前的大概龙头股群的局势。特别是成交量的排行榜，假如当月的换手率大于20%，无论涨跌阴阳，都说明该股是活跃的。活跃是个股的潜力所在，即使是有量的阴跌，至少也能说明有人在此价位有大量的接手。而无量的空涨空跌却很危险，因为陷阱的比率往往大于实际成交，所以很容易被假象所迷惑。不过，散户最要避免的就是高位追高低位杀跌。因为高位追高正是庄家所需要的，低位杀跌正是庄家洗盘的目的，故要谨慎从事。

技巧二：看图定策略。

以K线形式为主的参考图谱——走势图，是技术判断派的重要参考依据，它反映了股指或股价的即时动向、历史状况、内在实质、升降数据等。故无论短炒长做，最好是学会看图定策略。

尤其是月K图，一般都会潜藏着个股的可能后势，对炒股的进出决策会有很大的帮助。如长庄股的走势大都十分流畅；并列巨阴巨阳的个股短期内会有大的变化；在左上线低部买进的股票一般都会有不同的利润空间；熊下势大多越买越跌不如观察一段时间等。毛泽东的"不打无把握之仗"哲理，也可应用在股市上。仅凭运气虽然有时也行，但总不如"胸有成竹"来得更踏实一些。如2006年的大盘走势，开年就已在1300点的波段上，不懂势的人就会犹豫不决。因为此波起于998点，回调于1223点，大熊之后心有余悸，看一看再说是最稳妥的办法。但其实大盘在它的月K图上已有暗示，即2005年的8月已有巨量配合股指跃上5日均线，11月和12月分别守底1074点，5月均向上交10月均，并回5上。这种走势表明，大盘后势向上的欲望相当强烈。在任何K线图中，凡5.10向上交叉的走势，我们都称为金叉走势，即后势大多会继续它的升势。其中日K以天为计，周K以周为计，月K自然以月为计了。也就是说，当股指的月K爬上5月均线时，后势一般会有几个月的上走升势期，此时买股，会有较大的赢利系数，是建仓的大好机会。

技巧三：判别大行情。

大势的判断是很重要的，判对了，可事半功倍，坐享行情带来的升涨喜悦。判错了，高位被套，在贬值的同时，还得受到亏割的打击。故长线要判个股的质地，中、短线要判大盘的可能后势。在一般的情况下，个股的大势比大盘的大势更为重要。其实，所有的个股在月K峰势中，都会有周K和日K的许多个回调点，我们可称之为假跌或洗盘。那么当投资人确信对一只个股的长期走势判断没错的话，则每一次的回调，都是庄家大资金的进货点，也是小散户的跟风上轿点。上海石化上一次的大行情高点是15元，在同比前T的情况下，3元的进价位升涨空间是170%，5元的升涨空间是63%，这当然是一只很不错的股选了。但须注意的是，个股的大行情是以年为计算单位的，故每年的最低价和最高价都会不一样，每年同一个价位的性质也会不一样。

不同类型股民的选股技巧

每个人都有自己的个性，不同类型的股民在投资上会表现出不同的特点。按照自己的个性选股，是比较稳妥可靠的方法。

1. 稳健型投资者

如果投资组合中无风险或者低风险证券的比重较大，那么投资者的投资姿态是稳健型的。稳健型的投资者都很强调本期收入的稳定性和规则性，因此，通常会选择信用等级较高的债券和红利高而且安全的股票。所以，选股时应把安全性当作首要的参考指标。

2. 激进型投资者

若投资组合中高风险证券所占比重较大，说明投资者的投资

◇ 不同类型的股民在选股时应注意哪些 ◇

　　每个人都有自己的个性，不同类型的股民在投资上会表现出不同的特点。按照自己的个性选股，是比较稳妥可靠的方法。

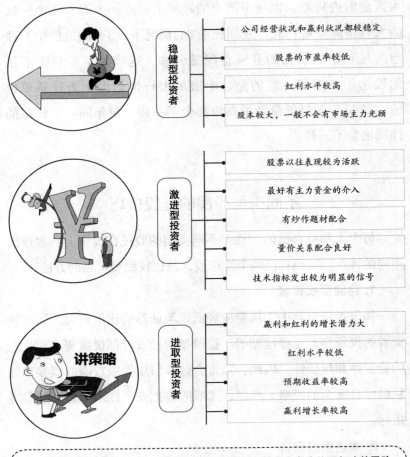

稳健型投资者
- 公司经营状况和赢利状况都较稳定
- 股票的市盈率较低
- 红利水平较高
- 股本较大，一般不会有市场主力光顾

激进型投资者
- 股票以往表现较为活跃
- 最好有主力资金的介入
- 有炒作题材配合
- 量价关系配合良好
- 技术指标发出较为明显的信号

进取型投资者
- 赢利和红利的增长潜力大
- 红利水平较低
- 预期收益率较高
- 赢利增长率较高

　　由于股票市场是一个高风险的市场，投资者往往追求高收益而忽略其风险因素，所以大部分投资者都是激进和进取型的投资者。

姿态是激进型的。激进型投资者的目标是尽量在最短的时间内使其投资组合的价值达到最大。因此，其投资对象主要是震荡幅度较大的股票。

激进型的投资者通常运用技术分析法，认真分析市场多空双方的对比关系、均衡状态等情况，而不太注意公司基本面的因素，并以此为依据作出预测，选择有上升空间的股票。

3. 进取型投资者

进取型投资者介于激进型投资者和稳健型投资者之间。进取型投资者讲究的是，在风险尽可能小的前提下，使利润达到最大。当然，其风险系数要高于稳健型投资，而低于激进型投资。

进取型的投资者在选择股票时，通常采用基本分析法，深入了解各公司的竞争力、管理水平、产品特点、销售状况等情况，并以此对各公司的赢利和红利作出预测，从而根据各股票的内在价值与市场价格的对比，选择价格被低估的股票。

牛市中如何选购新股

牛市行情中，新股更是受到投资者的青睐。新股在牛市时上市，往往会使股价节节攀升，并带动大势进一步上扬。因为在大势看好时新股上市，容易激起投资者的投资欲望，使资金进一步围拢股市，刺激股票需求。

选购新股，没有历史走势可以进行技术分析，有一定的难度，但是从以往的经验来看，还是有一定规律可循的。具体可参照以下几点：

（1）看新股上市时大盘的强弱。新股和大盘走势之间存在非常明显的正相关关系，并且新股的涨和跌往往会超过大盘。在熊市中，新股以短炒为主，做长庄的情况很少出现；而牛市中，主力往往倾向于中长线操作。

（2）看新股的基本面。除了公司经营管理和资产情况外，还应从发行方式、发行价、发行市盈率、大股东情况、每股收益、每股公积金、每股净资产、募集资金投向、公司管理层情况、主承销商实力等方面综合分析，最重要的是要看它是否具有潜在的题材，是否具有想象空间，等等。

（3）看比价效应。对比与新股同类的个股的定位，发现新股价值被低估带来的炒作机会。

（4）观察盘口。量是根本，以往的统计数据显示，新股首日上市最初5分钟的换手率在16%以下，表明主力资金介入还不明显，短线投资获利机会仅有20%左右。而如果换手率在16%以上，短线投资获利的机会可达到80%以上；若5分钟的换手率达到20%以上，则短线投资获利机会高达95%以上。

新股炒作重在投机，讲究题材和时机的把握，不是每个新股都有投机的机会。过分追随被爆炒的新股，即使在牛市中，也会遭受损失。

在股市中，投资者相互冲突的理论、风险的恐吓性应用、投资收益的机会、认识多头市场和空头市场、识别行情中的技术骗线、识别市场中言论的真伪、识别主导市场走向的主力机构的"诡计"、投资者自身的投资理念及与投资行为相匹配的知识与技巧，加上人心中存有的自身很难控制的贪欲……凡此种种融合在一起，便构成买入的困难。如何判断最佳买入时间，可以参照以下几点：

（1）股价已连续下跌3日以上，跌幅已逐渐缩小，且成交也缩到底，若成交量突然变大且价涨时，表示有大户进场吃货，宜速买进。

（2）股价由跌势转为涨势初期，成交量逐渐放大，形成价涨量增，表示后市看好，宜速买进。

（3）市盈率降至20以下时（以年利率5%为准）表示股票的投资报酬率与存入银行的报酬率相同，可买进。

（4）个股以跌停开盘，涨停收盘时，表示主力拉抬力度极强，行情将大反转，应速买进。

（5）6日RSI在20以下，且6日RSI大于12日RSI，K线图出现十字星，表示反转行情已确定，可速买进。

（6）6日乖离率已降至-3～-5且30日乖离率已降至-10～-15时，代表短线乖离率已在，可买进。

（7）移动平均线下降之后，先走平势后开始上升，此时股价向上攀升，突破移动平均线便是买进的时机。

（8）短期移动平均线（3日）向上移动，长期移动平均线（6日）向下转动，二者形成黄金交叉时为买进时机。

（9）股价在底部盘整一段时间，连续2天出现大长红或3天小红或十字线或下影线时，代表止跌回升，可买进。

（10）股价在箱形盘整一段时日，有突发利多向上涨，突破盘局时便是买点。

（11）股价由高档大幅下跌一般分三波段下跌，止跌回升时便是买进时机。

（12）股价在低档K图出现向上的"N"字形的股价走势，以及"W"字形的股价走势便是买进的时机。

（13）收盘价比5日均价低4%，确保信号发生在跌势。

（14）开盘价低于昨日最低价1%。

（15）收盘价反弹至昨日最低价以上。

熊市中如何选股

在牛市中你选什么股都是对的。但是牛市不是常有的，中国股市十几年的历史，真正的牛市也就那么几次。牛市中你选热门股是赚得最多的，谁涨得好就买谁，可以不要怕追涨，见涨就追。可以不断做多。但是熊市中不一样，必须坚持工作线原则，否则可能严重亏损。你什么时候选什么股，什么点位买，什么时候可以操作，什么时候不可以操作都要有计划、有原因。

◇ 如何判断最佳卖出时机 ◇

股票市场错综复杂，稍不注意就会血本无归，那么在什么情况下要果断卖出退出股市呢？

第一，低于买入价 7%~8% 坚决止损。

研究发现，在关键点位下跌 7% ~ 8% 的股票未来有较好表现的机会较小。长期来看，持续地将损失控制在最小范围内，投资将会获得较好收益。

第二，高潮之后卖出股票。

股票进入高潮区后，股价很难继续上升了，因为没有人愿意以更高价买入了。根据研究，股价在高潮后很难再回到原高点，如果能回来也需要 3 ~ 5 年的时间。

第三，获利 20% 以后了结。

不是所有的股票都会不断上涨的，许多成长型投资者往往在股价上涨 20% 以后卖出股票。如果你能够在获利 20% 抛出股票而在 7% 止损，那么你投资就不会遭受亏损。

第四，当一只股票突破最新的平台失败时卖出股票。

因为股价是反映未来的。当有较大的不利消息时，如果预计该消息将导致最新平台构建失败，投资者应迅速卖出股票。

熊市中如何选股。说白了，在熊市中最好的操作就是不操作。但是有些人像是一天手中没有股票心中就闷得慌，总想不断地买卖，不断地进出。事实上，在熊市中并不是没有股票可做，有些股票也是涨得不错的。所以在熊市中硬是要操作的话，还是有股可选的。但是怎样才能够选到这种熊市的大牛股呢？以下几条建议仅供参考：

第一，坚持价值投资，做有业绩、持续增长的股票。要做好基本面分析和经济分析。符合国家的政策导向的股票一般比较有爆发力，比如最近节能环保类股票逆市上涨就是一个例子。

第二，要做趋势向上的，并且有成交量的配合，没有成交量什么股票都很难涨。趋势向上体现在K线上就是要做顶在顶上的股票：K线一个底部比一个底部抬高的股票，逢低买进，逢高卖出。

第三，技术指标要有。在熊市中选股是很难的，技术指标不是唯一的，但你还是应该看的，一般macd趋势向上的，0轴刚出现红柱的比较保险；kdj的j低于0才能逢低阴线抢反弹。

第四，控制仓位。熊市最好的方法是空仓休息。如果你想操作，无论你买什么股票都要严格控制仓位，最高不超过半仓，可以是20%～30%的仓位。这样的话你是进可以攻退可以守。不要担心赚不到钱，资金安全才是第一位的。

第五，工作线原则。只有指数站上工作线才可以持股，否则只能短线操作，快进快出。

震荡市中散户生存法则

大盘持续震荡，市场热点不一，散户往往把握不准市场中的机会。在震荡市中炒股，散户需遵循四大生存法则。

1. 坚持少操作原则

在牛市中选什么股都是对的，牛市中选热门股是赚得最多的，谁涨得好就买谁，可以不断做多，这种行情在2007年三四月的券商概念中，已经得到了充分体现。而在股市震荡，个股走上熊途的情况下，散户最好减仓兑现，减少操作。

2. 选股要与时俱进

以前日本股市从4万点跌至1万点时，大多数个股都惨不忍睹，尤其是地产股，但丰田汽车一直没怎么跌，甚至还有涨幅。美国的纳斯达克指数在科技泡沫中从5000点跌至1500点，但道琼

◇ 莫上习惯性想法的当 ◇

真如你所说，一直在涨呢，那就听你的，我就买这只股。

还是这个走势图，不过是完整的。

事实都已经得到验证，利用习惯性想法是空头主力最后的撒手锏，出货的主力就是利用习惯性的思维，把股民套在"支撑线"上的"空头陷阱"中。

斯指数的成分股并未出现大跌。类似的情况也在中国香港发生过，1997年金融风暴中，恒指从16000点下跌至6000点时，出口股板块表现并不太差，特别是出口业务在欧美的股票，因为当时金融危机主要发生地在亚洲。

事实上，即使在A股处于熊市的时候，也有股票可做，有些股票也是涨得不错的。例如2001年到2002年年底，中国股市一直处于大的熊市之中，但东风汽车、哈药集团、界龙实业等股票的走势就十分的牛气。

3. 跳出习惯性想法

在股市上涨至6000点以上时，还是会有散户高歌猛进，甚至对风险提示置之不理。这是散户投资者没有从根本上改变多头思维所致，若在此时买入，熊就会一掌把你拍死。事实已经得到验证，利用习惯性想法是空头主力最后的撒手锏，出货的主力就是利用习惯性的思维，把股民套在"支撑线"上的"空头陷阱"中。

4. 不要轻易补仓

下跌趋势中买入个股被套，为摊低成本，在低位买入，谁知像踏入沼泽地，越陷越深。补仓是无奈的选择，是被动性的建仓，其成功率很低。因为股价每次的反弹都是暂时的修整。向下破位是最后的结果，补仓损失越补越大，像去救触了电的人一样，被全部击中。

在震荡市中，宁可错过也不要做错，大势所趋，不要做无谓的抵抗，如果确实经不住要买入一些股票，可以选一些热点板块做做T+1，绝不能在股市长期蹲守。

控制了仓位，就控制了风险

良好的仓位控制技巧，是投资者规避风险的武器。在股市中，投资者只有重视和提高自己的仓位控制技巧，才能在股市中有效控制风险，并且争取把握时机反败为胜。

当市场行情处于强势上升中时，投资者必须注意掌握以下仓位控制要点，提高投资的安全性。

在市场行情处于疲弱态势时，投资者必须注意掌握以下要点：

1. 持仓比例

在弱市中要对持仓的比例作适当压缩，特别是一些仓位较重的甚至是满仓的投资者，要把握住大盘下滑途中的短暂反弹机会，将一些浅套的个股适当清仓卖出。因为，在大盘连续性的破位下跌中，仓位过重的投资者，其资产净值损失必将大于仓位较轻投资者的净值损失。股市的非理性暴跌也会对满仓的投资者构成巨大的心理压力，进而影响到投资者的实际操作。而且熊市中的不确定因素较多，在大盘发展趋势未明显转好之前也不适宜满仓或重仓。所以，对于部分目前浅套而且后市上升空间不大的个股，就要果断斩仓。只有保持充足的后备资金，才能在熊市中应变自如。

2. 仓位结构

当股市中"熊"气弥漫，大盘和个股接二连三地表演"高台跳水"时，投资者不要被股市这种令人恐慌的外表吓倒，跌市中非理性的连续性破位暴跌，恰是调整仓位结构、留强汰弱的有利时机。股民可以将一些股性不活跃、盘子较大、缺乏题材和

◇ 巧用补仓法，提前解套 ◇

被套后该怎么办呢？补仓是被套后的一种被动应变策略，它本身不是一个解套的好办法，但在某些特定情况下它是最合适的方法。股市中没有最好的方法，只有最合适的方法。只要运用得法，它将是反败为胜的利器；如果运用不得法，它也会成为作茧自缚的温床。战略性补仓在时机的选择方面要遵循以下原则：

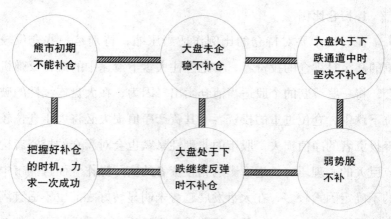

战术性补仓时机的选择：对于以短线操作为主的战术性补仓来说选择的范围较大，不论投资者现在是处于深套或浅套状态中，都可以考虑补仓。只要大盘不是正好处于加速下滑途中时，都可以积极参与战术性补仓操作，关键是要把握好个股到达阶段性底部的时机。

投资学越简单越实用
TOUZIXUE YUEJIANDAN YUESHIYONG

想象空间的个股逢高卖出；选择一些有新庄建仓、未来有可能演化成主流的板块和领头羊的个股逢低吸纳。千万不要忽视这种操作方式，它将是决定投资者未来能否反败为胜或跑赢大市的关键因素。

3. 分仓程度

当股市中"熊"气弥漫，大盘和个股接二连三地表演"低台跳水"时，我们不要被这种令人恐慌的外表吓倒，依据当前的股市行情，前期顺利逃顶和止损的空仓投资者要敢于主动逢低买入。

股市中真正影响投资思维的是你的仓位状况。市场中充满着各种不确定因素，无论多么看好某只股票，都不要一次性满仓买入，应以适当的部分资金先完成早期建仓。当确认分析正确时，不断顺势增加买入；当发现分析有误时，则及时果断退出。为了能够控制风险，处于赢利状态，可以逐渐分期分批获利了结。

第五章 让基金经理替你打工 ——基金投资

投资基金前先问三个问题

在投资之前，我们一定要先问自己三个问题：

我有房产吗？

我有余钱投资吗？

我有赚钱能力吗？

1. 我有房产吗？

在进行任何投资之前，你应该首先考虑购置房产，因为买房子是一项所有人都能够做得相当不错的投资。

实践证明，有些人在买卖自己的房屋时表现得像个天才，在投资基金时却表现得十分外行。这种情况并不让人感到意外，因为房主可以完全按照自己的意愿买卖房屋，你只要先支付20%或更少的首期房款就可以拥有自己的房屋，这样利用财务杠杆给你增添了很大的经济实力。每一次当你购买的基金价格下跌时，你就必须在账户上存入更多的现金，但是在买房子时就不会发生这种事情。

2. 我有余钱投资吗?

如果手中有不急用的闲钱，为实现资金的增值或是准备应付

◇ 为什么投资基金前要先问自己三个问题 ◇

投资基金是好是坏，更多的是取决于投资者对于以下这三个问题如何回答，这要比投资者在其他的投资类刊物上读到的任何信息都更加重要。

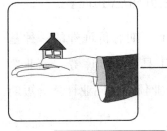

在你确实打算要进行投资之前，应该首先考虑购买一套房子，毕竟买房子是一项几乎所有人都能够做得相当不错的投资。虽然也存在例外的情况，但在99%的情况下购买一套房子是能够赚钱的。

如果手中有不急用的闲钱，可以委托基金管理公司的专家来理财，达到轻松投资、事半功倍的效果。

在投资市场的投资资金只能限于你能承受得起的损失数量，即使损失真的发生了，在可以预见的将来也不会对你的日常生活产生太大的影响。

将来的支出，都可以委托基金管理公司的专家来理财，既分享证券市场带来的收益机会，又避免过高的风险和直接投资带来的烦恼，达到轻松投资、事半功倍的效果。

3. 我有赚钱能力吗？

如果你是一位需要靠固定收入来维持生活的老人，或者是一个不想工作只想依靠家庭遗产产生的固定收益来维持生活的年轻人，自己没有足够的赚钱能力，你最好是远离投资市场。

货币市场基金——高于定期利息的储蓄

货币基金，是指投资于货币市场上短期有价证券的一种基金。该基金资产主要投资于短期货币工具，如国库券、商业票据、银行定期存单、政府短期债券、企业债券、同业存款等短期有价证券等。

货币基金的特色是安全性好、流动性高，因为其投资的货币市场工具大多数风险较低，易于变现。货币市场基金往往被投资人作为银行存款的良好替代物和现金管理的工具，享有"准储蓄"的美誉，而其收益水平通常高出银行存款利息收入1~2个百分点，所以又被称为"高于定期利息的储蓄"。

货币基金单位资产净值通常保持在1元。尽管这种"1元净值"并不是硬性规定和保底要求，但由于其投资的短期证券收益的稳定性，使基金经理得以长久地把单位净值维持在1元的水

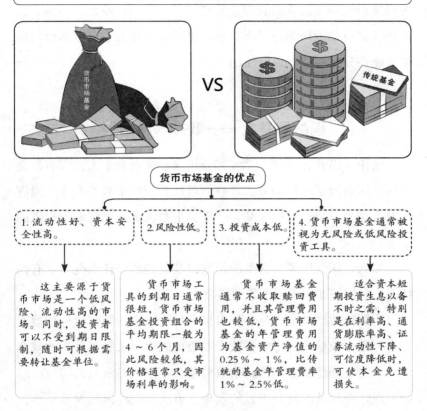

◇ 货币市场基金的优点 ◇

货币市场基金的优点

1. 流动性好、资本安全性高。

2. 风险性低。

3. 投资成本低。

4. 货币市场基金通常被视为无风险或低风险投资工具。

　　这主要源于货币市场是一个低风险、流动性高的市场。同时，投资者可以不受到期日限制，随时可根据需要转让基金单位。

　　货币市场工具的到期日通常很短，货币市场基金投资组合的平均期限一般为4～6个月，因此风险较低，其价格通常只受市场利率的影响。

　　货币市场基金通常不收取赎回费用，并且其管理费用也较低，货币市场基金的年管理费用为基金资产净值的0.25％～1％，比传统的基金年管理费率1%～2.5%低。

　　适合资本短期投资生息以备不时之需，特别是在利率高、通货膨胀率高、证券流动性下降、可信度降低时，可使本金免遭损失。

平，波动的只是基金支付的红利水平。

　　倘若你有1000个基金单位，那么你的基金净值就是1000元，衡量该基金表现的标准是收益率，体现在红利的多少。例如，上述投资1年后的收益率为6%，而且你选择了红利再投资，则届时你就拥有1060个基金单位，净值1060元。

上述保持1元净值的一般属于收益分配型的基金，即投资人可以选择红利再投资或者现金分红。另一类为收益积累型基金，即把红利自动地转为再投资，该类型的基金中有一部分基金的净值可能在分红后调整到1元以上。

指数型基金——低投入高回报

沃伦·巴菲特说过："大部分机构投资者和个人投资者都会发现，拥有股票最好的方法是收取最低费用的指数型基金。投资人遵守这个方法得到的成绩，一定会击败大部分投资专家提供的结果。"

那么，深受巴菲特喜爱的指数型基金到底是什么呢？它有何特点？我们该如何投资指数型基金？

所谓指数型基金，是一种以拟合目标指数、跟踪目标指数变化为原则，根据跟踪标的指数样本股构成比例来购买证券的基金品种。与主动型基金相比，指数型基金不主动寻求取得超越市场的表现，而是试图复制指数的表现，追求与跟踪标的误差最小，以期实现与市场同步成长，并获得长期稳定收益。

指数型基金具有以下特点：

1. 低成本性

指数型基金往往具有低管理费及低交易成本的特性。由于指数投资不以跑赢指数为目标，只需根据指数成分变化来被动地调整投资组合，不需支付投资研究分析费用，因此可收取较低的管理费用；另外，指数投资倾向于长期持有买入的股票，相对于主动式管理因积极买卖形成高换手率而必须支付较高的交易成本，指数投资不主动调整投资组合，换手率低，交易成本低。

2. 具有透明度

由于指数投资完全反映投资组合及投资报酬率，因此基金的投资组合内容非常明确而且公开，投资人比较容易明了组合特性并完全掌握投资组合状况，做出适当的预期。

3. 可以分散投资

被动式投资组合通常较一般的主动式投资组合包含较多的标的数量，随着标的数量增加，可减低单一标的的波动对整体投资组合的影响程度，同时通过不同标的对市场风险的不同影响，得以降低投资组合的波动程度。

指数型基金虽然具有低投入高回报的特点，但是我们在投资指数型基金时，仍然要注意一定的投资策略。

依据市场行情把握投资时机。对投资时机的把握是难之又难的，即使是专业的投资分析师也难以对时点进行准确的判断。但投资指数基金时，仍需对大势做出判断，如果判断为牛市行情，即可选定一个相对低的点位买入并长期持有，将会获得与市场相近的回报。但如果只是想做短线投资，则需更为慎重，低吸高抛的目标无法实现时就会给投资者带来很大的损失。

立足于选择一个好的指数来选择指数基金。结合市场行情，

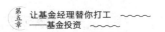

看指数有没有很强的赢利能力，是否有较高的投资价值。对市场主要指数进行比较和选择从以下几个方面进行：

第一，市场指数的代表性。这主要通过总市值和流通市值来比较。

第二，市场指数的发展前景。这主要通过每股收益、净资产收益率、税后利润、资产负债比率和市盈率等指标来比较。

第三，市场指数的风险收益特征。这主要通过对指数的收益和风险指标来比较。

选择对指数跟踪效果好的指数基金。我们可以观察指数基金跟踪指数的偏离度，偏离度越小，跟踪误差越小，其有效性越好。举例说，假设指数涨20%，但是跟踪误差偏离了5%，这样你可能只赚了15%，相当于少赚了5%。

这里还要提醒投资者，从指数基金本身的特点来看，产品更加适合进行长期投资，投资人应在对产品有了充分的了解后进行资产配置。

债券型基金——稳中求胜的基金

所谓的债券型基金，是指以债券为主要投资标的的共同基金。除了债券之外，尚可投资于金融债券、债券附买回、定存、短期票券等，绝大多数以开放式基金形式发行，并采取不分配收益方式，合法节税。目前，国内大部分债券型基金属性偏向于收益型债券基金，以获取稳定的利息为主，因此，收益普遍呈现稳定增长。

　　根据投资股票的比例不同，债券型基金又可分为纯债券型基金与偏债券型基金。两者的区别在于，纯债型基金不投资股票，而偏债型基金可以投资少量的股票。偏债型基金的优点在于可以根据股票市场走势灵活地进行资产配置，在控制风险的条件下分享股票市场带来的机会。

◇ 债券型基金的优点 ◇

不收取额外费用
　　不收取认购或申购的费用，赎回费率也较低。

风险较小
　　由于债券收益稳定、风险也较小，相对于股票基金，债券基金风险低，但回报率也不高。

收入稳定
　　投资于债券定期都会有利息回报，到期还承诺还本付息，因此债券基金的收益较为稳定。

注重当期收益
　　债券基金主要追求当期较为固定的收入，相对于股票基金而言缺乏增值的潜力，较适合于不愿过多冒险，谋求当期稳定收益的投资者。

如果你不想把资金都放在股市中，那么就可以考虑在组合中纳入现金或者债券。对于基金投资人来说，就可以买一些债券型基金。但是投资之前至少需要关注以下几点：

第一，了解债券型基金持仓情况。

在国内，债券基金的投资对象主要是国债、金融债和企业债等固定收益类品种，也可投资可转债甚至少量股票。为了避免投资失误，在购买前需要了解你都持有些什么债券基金。

第二，选择适合的费率方式。

国内不少债券型基金提供多种费率模式供选择。以工银强债券基金为例，该基金推出了A、B两类收费模式，两类模式对应的基金代码也不一样。对此，投资人可根据自己不同的需求来选择适合自己的费率方式，能够起到降低成本、提高收益的作用。

投资债券型基金时除了应该关注其持仓情况和收费标准之外，投资者至少还应该关注债券基金的业绩、风险、基金经理是谁等问题，这些对于投资赢利都有很大的影响。

混合型基金——折中的选择

通过前面的分析，不论是货币基金、股票型基金还是指数型基金、债券型基金，都是有利有弊，投资者如果在它们中间没有合意的选择怎么办？这里有一个折中的方案——混合型基金。

混合型基金，是指投资于股票、债券以及货币市场工具的基金，股票投资可以超过20％（高的可以达到95％），债券投资可以超过40％（极端情况下可以达到95％）。混合型基金的风险和收益介于股票型基金和债券型基金之间，股票投资的比例小于股票型基金，因此在股票市场牛市来临时，其业绩表现可能不如股

◇ 混合型基金为何在国内吃香 ◇

混合型

酸甜苦辣咸麻，各种味道全有……

基金

是不是太没有特色了？

国内市场

国内组合投资的理念尚未普及，投资者往往只盯着净值表现，谁跑得快我就买谁。

基金在排名压力下自然也会追求业绩，这样一来设计一些投资范围灵活的基金就可以更容易适应市场，混合型基金自然受到青睐。

国外市场

在国际市场上，共同基金往往要么是股票型基金，要么就是固定收益类基金，混合型基金这种"杂交"品种并不是主流。

国外资产管理公司在设计共同基金时，往往十分注重突出产品的风格特点，对风险收益特征设计得尽可能鲜明。

票基金。但是，由于仓位调整灵活，在熊市来临时，可以降低及规避风险。

混合型基金与传统基金相比具有相当大的优势，主要体现在：

第一，牛市可以积极加大股票投资，熊市可以完全放弃股票投资。换言之，它根据时机的不同，可以成为最积极的股票基金（股票投资比例可以达到净资产的80%），也可以成为最纯粹的债券基金（股票投资比例为0）。

在国外成熟市场，混合型基金在投资人的资产结构中占据了相当的比例。根据美国投资公司协会2001年对共同基金家庭持有的调查显示，34%的持有人拥有混合型基金。譬如2005年债市走牛，使得当年的债券基金收益一举超过了股票型基金，而债券市场吸引力的不断增强也为混合型基金树立了良好的财富效应，促进了其快速发展。

第二，风险更小、收益更稳定。由于混合型基金关于股票投资下限的规定，一般会远低于股票型基金，这样基金经理可以通过更为灵活的资产配置策略，主动应对股指的高波动。因此，混合型基金被认为具有"进可攻、退可守"的特性，可以根据市场趋势进行大类资产的灵活配置。

值得投资者注意的是，由于混合型基金具备投资的多样性，因此其投资策略也具备灵活性。

把握基金赎回的时机

基金投资者经常被教育要"长期投资",但是这里的"长期投资"是以某种特定的市场状况未发生改变为前提的。一旦情况发生了改变,我们就需要把开放式基金赎回。

与股票卖出的点位决定其收益类似,基金的赎回也是大有技巧可讲的。一般来说,对于开放式基金的赎回时机要把握以下几个原则:

1. 考虑换手

(1)股票型与混合型的换手。

从理论上讲,股票型基金是以高仓位为特征的,这样才能在牛市中跑得更快。但高仓位的问题在于,一旦市场出现大的调整,很难留有足够的现金在低位建仓。而混合型或平衡型基金由于仓位留有余地,或者把仓位减下来也相对容易,在震荡市中常常能抓住低位建仓的机会。因此,牛市转到震荡市时,某些平衡型基金有可能比股票型基金表现好,可以把表现相对落后的股票型基金换成平衡型。

(2)偏股型与偏债型、货币型的换手。

当市场由牛市或震荡市转入节节下跌的熊市时,任基金经理的能力再强,也很难挣钱。这时即使很不情愿,也必须将偏股型基金转为偏债型、货币型,后者也即"股市的避风港"。这在A股市场不好且境外市场也很糟糕时适用。

（3）A股基金与QDII的转换。

如果A股不好了，而境外存在正处大牛市或高速成长的市场，境内又刚好有投资该市场的QDII，那更好的选择可能是将A股基金换成QDII。

2.赎回前考虑清楚

在基金赎回以前，你需要考虑各方面的因素。如果符合以下其中的一条，说明你选择赎回基金的时机已经成熟。

（1）你有更好的投资渠道。譬如购房、购买汽车等，或你还有其他令你赢利更多的投资项目。

（2）你手里持有的基金出现了你不喜欢的变故。譬如，分红、拆分或扩募等你不情愿的事件发生；抑或是你非常信任的基

◇ 开放式基金赎回流程图 ◇

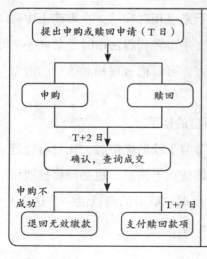

基金赎回操作说明

★在银行赎回基金：在银行柜台办理的，填写基金赎回表，填上产品名称、份额就可以了。

★在网银赎回基金：在银行的网络银行基金投资相关页面，点击赎回，选择基金产品，填上赎回份额然后确认。

★在证券公司赎回基金：在柜台办理的，在填写基金赎回表，填上赎回基金产品、份额就可以了。

★基金公司网上赎回：联通基金公司与银行的账户，选择基金赎回，填入相关数据。

★在二级市场上赎回：与买卖股票一样。

金经理辞职（变更）和调整，使你对该基金的未来很迷茫；更或者是本来非常吸引你的该基金的要素条件发生了明显的变化，使基金成长的基本条件大不如前的增值或速度趋缓，或业绩随基金理财方式与方法的改变而走下坡路，这时你可以考虑将该基金转换成其他的基金或是赎回。

3. 赎回时设立止损点

基金赎回时必须设立止损点，基金的止损在市场处于高位时尤其重要。如目前的A股，市场有很大可能继续往上涨，但没人敢说一定不会在哪一天突然崩溃，这时就要考虑对基金设立止盈点了。由于基金止盈前往往已经有大额浮盈，很多基民都很难接受像炒股那样，把止盈位设在盈亏平衡点（考虑申购赎回费用），这时可以接受的止盈点是基金现有获利50%的位置，或是基金净值从当前净值下跌20%的位置，因为这时市场往往跌破1/3，大势已去，必须赎回了。

基金定投，弱市中的避风港

基金定期定额投资，简称基金定投，是指投资者通过有关销售机构申请，约定每期扣款时间、扣款金额及扣款方式，由销售机构于每期约定扣款日在投资者指定的银行账户内，自动完成扣款及基金申购申请的一种投资方式。

这种投资方式，俗称懒人理财术，又称傻瓜理财术，顾名思义，就是适合那些没有时间、没有金融专业知识的大众投资者的简易投资方式，它借鉴了保险"分期投保、长期受益"的营销模式，就是每隔一段固定时间（如每月1日）以固定的金额（例如2000元）投资于同一只开放式基金或一个预定的基金组合。比如，你决定投资2万元买某只基金，那么按照定期定额计划，你可以每月投资2000元，连续投资10个月，也可以每月投资1000元，连续投资20个月。

对广大投资者而言，选择定期定额业务的好处是，分散风险、减轻压力。在不加重投资人经济负担的情况下，做小额、长期、有目的性的投资。

第一，定期投资，积少成多。定期定额投资的金额虽小，但累积的资产却不可小觑，长期投资下来，其获利将远超定存利息所得。而且投资期限越长，相应的风险就越低。一项以中国台湾地区加权股价指数模拟的统计显示，定期定额只要投资超过10年，亏损的概率则接近零。

第二，懒人理财，手续简便。基金定投虽然被称为懒人理财术，但是投资者在选择具体的基金对象时却不能偷懒，选好种子才能使财富的果实更加丰硕。

货币基金和中短债基金是首选品种。在定投业务中，货币基金和中短债基金收益比较低、风险相对较小，从投资安全的角度考虑，这两者是工薪阶层首选定投的对象。

第三，平均成本，分散风险。定期定额投资计划的最大特点

◇ 基金定投：弱市中的避风港 ◇

在海外成熟的金融市场上，有超过半数的家庭购买基金，而它们投资的方式通常都采用定期定额投资。资金经过长时间的复利投资，累积的效果非常惊人。

所谓"定期定额"，就是每隔一段固定时间以固定的金额投资于一只或几只开放式基金，是应对震荡市场取得稳健收益的投资方式。

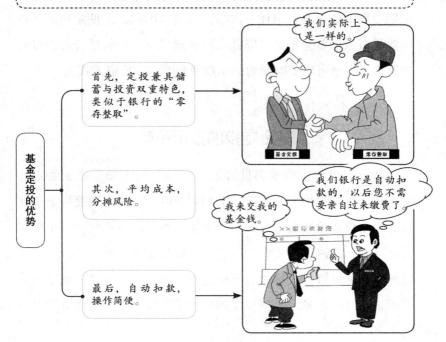

基金定投的优势

首先，定投兼具储蓄与投资双重特色，类似于银行的"零存整取"。

其次，平均成本，分摊风险。

最后，自动扣款，操作简便。

就是利用"逢低加码，逢高减码"的平均成本投资概念，长期不断地分期投资，也免去了选择投资时机的麻烦，分散投资风险。

平均成本法就是定期投资固定金额的投资产品，分散投资时点，可因平均投资成本的效用而避免套牢亏损，避免在时机未成熟时一次性买入投资单位。用"平均成本法"来分散投资时机，只要市场未来有上涨的机会，那么无论下跌趋势持续多久，投资者都没必要担心回报（国际上基金长期投资平均收益率为8%）。

经验证明，定期定额回报率不比一次性投资差，当市场一路上涨，定期定额的回报率比一次性投资略差。当市场一路下跌，定期定额的回报率一定比一次性投资好。因此，定期定额的优点主要是可以借着分批进场降低市场波动风险，比较适合长期投资理财计划，是可以随时开始的比较便利的一种投资方式。

基金定投的投资策略

基金定投理论的逻辑推理是这样的，当市场呈现上涨走势时，基金单位价格（基金净值）相对较高，此时同额度资金买到的基金单位数量相应较少；而当市场呈现下跌走势时，基金单位价格降低，此时能够买到的基金单位数量增加。从一个较长时间段来看，总投资由大量相对低位的基金份额和少量高价基金份额组成，摊薄的结果是每一单位的平均成本将会比单笔投资的单位成本低，这就减少了套牢的风险。

　　上面的逻辑推理似乎非常严谨，可以推导出基金定投是空头市场中很好的防御性投资方式的结论。但投资者不能忽视的一点是，是否能够取得收益在根本上仍然取决于所选择基金的投资能

◇ 什么人适合基金定投 ◇

领固定薪水的上班族

有特殊需求者

退休族

不喜欢承担过大风险者

力；而且不同类型的基金实施定投后，也会出现明显的分化。

实践证明，并非每只基金都适合定期定额投资，只有选对投资标的，才能为投资者带来理想的回报。

（1）定期定额投资最好选股票型基金或者是配置型基金。

（2）定期定额投资最好选择波动大的基金。

（3）依财务能力调整投资金额。

（4）达到预设目标后需重新考虑投资组合内容。

（5）要活用各种弹性的投资策略，让定期定额的投资效率提高。

基金定投的七大铁律

1. 设定理财目标

不同的人生阶段会有不同的需求及目标，一般来说，在校的学生以及初入社会的年轻人，可以设定目标为购房自备款；而已婚夫妇，可以为子女的教育基金以及自己的退休金预做准备。

2. 量力而行

定期定额投资一定要做得轻松、没负担。在投资之前最好先分析一下自己的每月收支状况，计算出固定能省下来的闲置资金，3000元、5000元都可以。

3. 选择有上升趋势的市场

超跌但基本面不错的市场最适合定期定额投资，即便目前市场

◇ 如何寻找适合自己的基金 ◇

　　基民往往会问这样一个问题：到底什么样的基金才是好基金？其实，适合自己的才是最好的。

> 又赔光了，看来光有幻想是不行的。

> 　　投资基金必须树立中长期的投资观念，而不是看到行情好就来个波段操作。投资基金不能有不切实际的幻想，要了解自己的性格和心理素质。

　　如果你是比较保守的投资人，则有稳定收益的平衡型或债券型基金会比较适合你。

　　如果你追求高收益、高风险，则可考虑积极成长型但风险可能较高的股票型基金。

　　将所有的钱统统投资于股票型基金并非成熟的基民所为，因为股市中总有难以预料的风险。

处于低位，只要看好未来长期发展，就可以考虑投资。

4. 投资期限决定投资对象

　　定期定额长期投资的时间复利效果分散了股市多空、基金净值起伏的短期风险，只要能遵守长期扣款原则，选择波动幅度较大的基金其实更能提高收益，而且风险较高的基金的长期报酬率应该胜过风险较低的基金。如果较长期的理财目标是5年以上至10年、20年，不妨选择净值波动较大的基金，而如果是5年内的目标，还是选择绩效较平稳的基金为宜。

5. 持之以恒

长期投资是定期定额积累财富最重要的原则，这种方式最好要持续3年以上，才能得到好的效果，并且长期投资更能发挥定期定额的复利效果。

6. 掌握解约时机

定期定额投资的期限也要因市场情形来决定，比如已经投资了两年，市场上升到了非常高的点位，并且分析之后判断行情可能将进入另一个空头循环，那么最好先行解约获利了结。如果你即将面临资金需求时，如退休年龄将至，就更要开始关注市场状况，决定解约时点。

7. 善用部分解约，适时转换基金

开始定期定额投资后，若临时必须解约赎回或者市场处在高点位置，而自己对后市情况不是很确定，也不必完全解约，可赎回部分份额取得资金。若市场趋势改变，可转换到另一轮上升趋势的市场中，继续进行定期定额投资。

第六章 当一个稳赚不赔的"债主"——债券投资

债券的生钱之道是什么

人们之所以购买债券的一个重要原因就是知道它能带来收益。个人投资者和投资机构一样，他们购入债券是基于两种考虑：一方面是期待在一定时期内，比如3年、5年或者10年，甚至更长时间内有定期的利息收入；另一方面是期望能安全地保住本金。

如果你有一笔钱，然而在几个月之后就可能动用，你希望这笔钱动用之前的几个月能为你提供利润，在要用的时候又能立即兑成现金。在这种情况下，这笔钱较好的去处是购买短期债券。债券的另一大类是长期债券。在长期债券这一类中，有几种情形可以决定投资期限的选择，包括你期待的利息率，以及在这一段时间可供使用的钱和设想的收益。

下面介绍一下短期债券、中期债券和长期债券：

（1）短期债券：偿还期限在1年以下的债券为短期债券。短期债券的发行者主要是工商企业和政府。企业发行短期债券大多是为了筹集临时性周转资金。在我国，这种短期债券的期限分为3个月、6个月和9个月。

（2）中期债券：偿还期限在1年以上5年以下的为中期债券。

（3）长期债券：偿还期限在5年以上的为长期企业债券。

一般来说，最长期的债券的利率也应该是最高的，因为它们的风险要经历相当长的时间。在大多数时候，实践与理论一致，但也有一定的时期，长短期利率倒挂，这主要是对远期通货膨胀

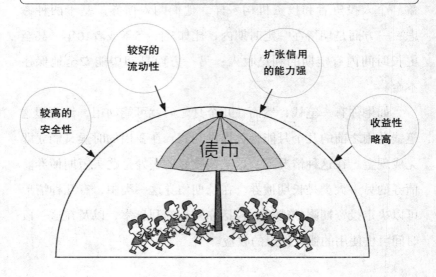

◇ 债券的优势 ◇

较好的流动性

扩张信用的能力强

较高的安全性

债市

收益性略高

投资学越简单越实用
TOUZIXUE YUEJIANDAN YUESHIYONG

率看跌造成的。

但是投资债券要注意通货膨胀，即使到期时本金全数拿回，但这些钱并不见得能买到在最初购买债券时所能买到的东西。由于通货膨胀造成的购买力损失，不仅仅限于本金，通货膨胀同样也影响购买债券时的利率所得。

哪些债券品种投资者可以参与

购买债券，要处理好长期收益和短期收益以及风险与收益的关系，把长期收益、短期收益和风险结合起来考虑。既要量力而行，也要有长远眼光和承担风险的准备。一般来讲，有资金实力、敢于承担风险而又注重长期收益的人，可购买长期债券；相反，则应购买短期债券。

此外，还要考虑所发行的债券能否上市。如果允许上市，可适当投资中长期债券；如果不允许上市，最好投资短期债券。

当然，作为投资者都希望选择期限短、流动性强、安全性高并且收益好的债券。但同时具有这些条件的债券是不存在的，投资者只能根据自己的资金实力、用途和目标侧重于某一方面，作出切合实际的投资选择。

不同债券流通场所决定了个人投资者介入债市的途径。我国债券市场分为交易所市场、银行间市场和银行柜台市场。交易所市场通过交易指令集中竞价进行交易，银行间市场通过一对一询价进行交易，银行柜台市场则通过挂牌价格一对多进行交易。

交易所市场属场内市场，机构和个人投资者都可以广泛参与，而银行间市场和柜台市场属债券的场外市场。银行间市场的交易者都是机构投资者，银行柜台市场的交易者则主要是中小投资者，其中大量的是个人投资者。

目前，在交易所债市流通的有记账式国债、企业债和可转债，在这个市场里，个人投资者只要在证券公司的营业部开设债券账户，就可以像买股票一样来购买债券，并且还可以实现债券的差价交易。而柜台债券市场目前只提供凭证式国债一种债券品种，并且这种品种不具有流动性，仅面向个人投资者发售，而更多地发挥储蓄功能，投资者只能持有到期，获取票面利息收入；不过有的银行会为投资者推荐凭证式国债的质押贷款，这就提供了一定的流动性。

个人投资者要想参与更广泛的债券投资，就只能到银行间市场寻宝了。除了国债和金融债外，债市创新的所有品种都在银行间债券市场流通，包括次级债、企业短期融资券、商业银行普通金融债和外币债券等。这些品种普遍具有较高的收益，但个人投资者尚无法直接投资。

但这并不意味着个人投资者无法参与到银行间市场债券市场。个人投资者可以通过储蓄存款、购买保险和委托理财等渠道，把资金集中到机构投资者手里，间接进入银行间市场。

近年来，基金管理公司发展迅速，除了非银行金融机构设立的基金管理公司外，商业银行设立的基金管理公司也已经起航。基金被认为是个人投资者进入银行间债券市场的一种更为规范的做法，基金和理财业务在本质上是相同的，但也存在一定的区别。目前，商业银行开展的理财业务，通常先是以自有资金在银行间债券市场购入一定数量的债券；然后按其总量，向个人投资者进行分销。理财资金与商业银行资金在银行间债券市场上的运作并没有明确的区分。基金则不同，其资金与银行资金没有任何关系；并且投资者借基金投资于债市所取得的收益完全取决于该基金管理公司的运作水平。

怎样进行国债交易

国债交易需要一定的策略。记账式国债虽然与凭证式国债均有固定的利息收入，但是价格在波动，这就意味着如果低买高卖，就能赚取差价。与股票不同，国债的波动总会在一个合理区域内，因此能够赚取的差价收益远小于股票，但风险也要小得多。

由于国债对利率较为敏感，买入的时机不一定选择在发行时，投资者完全可以等到国债出现大幅下跌之后再考虑买入。由于其面值为100元，利息是固定的，因此一旦价格跌破100元，相应的实际收益就会提高。例如，2003年发行的7期国债，发行面值100元。票面年利率2.66%，但由于目前交易价格仅为89.1元，

◇ 国债交易的注意事项 ◇

一、注意期限、种类和购买量的合理搭配

目前，发行的国债以中长期居多，如果未到期转让，必然造成损失。为避免被动，购买时最好结合国债发行的期限及个人情况，将资金分散投资在不同期限的国债上，从而保证能够获得所购买国债上的全部利益。

二、了解发行人的资质和信誉

目前，发行的国债主要有国债、国家重点建设国债和企业国债，相比较而言，国债及国家重点建设国债都是国家财政担保，基本上没有风险。企业国债利率较高，风险则根据发行人的实际情况有所不同，购买时要弄清发行人、担保人的实际情况和信用级别。

三、购买国债一定要到银行、大型优质证券公司的正规代销点购买

国债通常由各家商业银行和大型证券公司发售；铁路、电力、三峡等国家重点建设国债一般由中信证券公司或国家开发银行牵头主承销；企业国债则规定由中信证券、银河证券等几大证券公司联合承销。后两者均可委托当地商业银行代理发行。

因此实际年利率达到了4.73%。

在国债市场要成功做到低买高卖，就一定需要重点考虑同期限品种的实际收益率。比如，如果市场7年期的实际利率均在3%，而目前有一只7年期国债的实际收益率却达到了5%，由于其实际收益率高，在选择同样品种时，投资者应买入5%的7年期国债。由于买的人多，而卖的人少，其实际收益率就会逐步向3%靠近，价格就会出现上涨，如果以此作差价，就能在短时间获得2%的收入。

另外，对国债影响较大的是利率，如果市场对于银行利率的增加较为强烈，则国债价格将下跌，风险最大的是长期债；反之，利率如果下降，长期债就会受到追捧。

如何选择适合自己的国债投资策略

国债投资策略可以分为消极型投资策略和积极型投资策略两种，每位投资者可以根据自己的资金来源和用途选择适合自己的投资策略。具体为在决定投资策略时，投资者应该考虑自身整体资产与负债的状况以及未来现金流的状况，从而达到收益性、安全性与流动性的最佳结合。

一般而言，投资者应该在投资前认清自己的状况，明白自己是积极型投资者还是消极型投资者。积极型投资者一般愿意花费时间和精力管理他们的投资，通常他们的投资收益率较高；而消极型投资者一般只愿花很少的时间和精力管理他们的投资，通常他们的投资收益率也相应较低。必须明确一点，决定投资者类型的关键并不是投资金额的大小，而是他们花费多少时间和精力来管理自己的投资。大多数投资者一般都是消极型投资者，因为他们缺少时间和缺乏必要的投资知识。

1. 消极型投资策略

消极型投资策略是一种不依赖市场变化而保持固定收益的投资方法，其目的在于获得稳定的债券利息收入和到期安全收回本金。因此，消极型投资策略也常常被称作保守型投资策略。在这里介绍最简单的消极型国债投资策略——购买持有法。

购买持有是最简单的国债投资策略，其步骤是：在对债券市场上所有的债券进行了分析之后，根据自己的爱好和需要买进能够满足自己要求的债券，并一直持有到到期兑付日。在持有期间并不进行任何买卖活动。

2. 积极型投资策略

在预测了市场利率变化的方向和幅度之后，投资者可以据此对其持有的债券进行重新组合。这是因为市场利率将直接决定债券的投资收益率。很显然债券投资的收益率应该同市场利率密切相关：在市场利率上升时，债券投资的要求收益率也会相应上升；在市场利率下降时，债券的要求收益率也会相应下降。一般在计算债券价格时。我们就直接简单地将市场利率作为贴现率，对债券的未来现金流进行贴现。因此可以通过对市场利率变化和

◇ 消极型投资策略的优缺点 ◇

优势

反正我的钱不会少！

所带来的收益是固定的，在作投资决策的时候就完全清楚，不受市场行情变化的影响。它可以完全规避价格风险，保证获得一定的收益率。

如果持有的债券收益率较高，同时市场利率没有很大的变动或者逐渐降低，那么这种投资策略也可以取得相当满意的投资效果。

由于中间没有任何买进卖出行为，因而手续费很低，从而也有利于提高收益率。

缺点

首先，从本质上看，这是一种比较消极的投资策略。因而往往会丧失提高收益率的机会。

其次，如果发生通货膨胀，那么投资者的实际投资收益率就会发生变化，从而使这种投资策略的价值大大下降。

最后，也是最常见的情况，由于市场利率的上升，使得购买持有这种投资策略的收益率相对较低。由于不能及时卖出低收益率的债券，因此在市场利率上升时，这种策略会带来损失。

哈哈，这次赚了不少！

债券价格变化之间的关系做出准确的判断，据此来调整持有的债券。调整组合的目的是，在对既定的利率变化方向及其幅度作出预期后，使持有的债券收益率最大化。

由于市场利率与债券的市场价格呈反向变动关系，因此在市场利率上升时，债券的市场价格会下降；而在市场利率下降时，债券的市场价格会上升。因而前者的正确调整策略是卖出所持有的债券，而后者的正确调整策略是买入债券。

如何提高国债的收益率

国债曾经是老年投资者最钟爱的投资方式，也是最简单、最易接触债券市场的方式。对于投资者来说，国债最大的吸引力就是安全性上的保障，而且，目前国债的收益率仍然比银行存款收益率高，而且收益所得无须缴纳利息税。所以无论市场怎样，投资者对于国债的定位仍应是储蓄替代品种。

目前，股票市场仍在持续震荡调整，国债由于其稳定性成为投资理财的安全后盾。而购买国债最大的风险在于资金流动性风险，尤其是购买记账式国债，如果投资者很可能在到期前就提前支取资金，那么还是应该选择凭证式国债，因为它有提前支取的特点，在有加息预期的前提下，购买凭证式国债更加安全。

那么，如何提高国债的收益率呢？

国债的收益率与投资时间长短密切相关。尽管有分析人士认为，长期国债收益率受通货膨胀率、贷款利率的影响，其收益率经过前期的大幅调整，加息对其收益率提高的效应逐渐减弱，投资价值逐渐显现。然而，投资专家认为，长期债券的收益虽然相对较高，但有着流动性差、难以抵抗长期市场波动风险的缺点。

如何计算国债收益率呢？

1. 名义收益率

名义收益率=年利息收入÷债券面值×100%。通过这个公式我们可以知道，只有在债券发行价格和债券面值保持相同时，它的名义收益率才会等于实际收益率。

2. 即期收益率

即期收益率也称现行收益率，它是指投资者当时所获得的收益与投资支出的比率。

即期收益率=年利息收入÷投资支出×100%。

3. 持有期收益率

由于债券可以在发行以后买进，也可以不等到偿还到期就卖出，所以就产生了计算这个债券持有期的收益率问题。持有期收益率=［年利息+（卖出价格−买入价格）÷持有年数］÷买入价格×100%。

4. 认购者收益率

从债券新发行就买进，持有到偿还期到期还本付息，这期间

◇ 影响债券投资收益的几大因素 ◇

银行利率与债券价格

债券的投资成本

市场供求货币政策与财政政策

债券的票面利率

通货膨胀率

债券市场

的收益率就是认购者收益率。认购者收益率=〔年利息收入+（面额-发行价格）÷偿还期限〕÷发行价格×100%。

5. 到期收益率

到期收益率是指投资者在二级市场上买入已经发行的债券并持有到期满为止的这个期限内的年平均收益率。目前，财政部计算国债到期收益率的方法如下：

对剩余期限为一年及一年期以下的国债，一般计算单利到期收益率，计算公式为：$Y=(M-Pb)/(Pb \times N) \times 100\%$。公式中 Y：单利到期收益率；M：到期一次还本付息额；Pb：市场买入价；N：从买入到持有到期的剩余年份数。公式中 $N =$ 剩余天数 $\div 365$ 天（或366）天。注：闰年取366天。

债券市场风险分析与防范

试问，在投资的所有形式里，能没有"风险"这两个字吗？不能，所以，你就不要妄想投资债券能为你规避所有的风险。从某种角度来看，世界上没有不存在风险的事物。

债券，作为一种金融投资工具，它的风险主要有以下几种：

1. 利率风险

利率风险是指利率的变动导致债券价格与收益率发生变动的风险。这主要与国家的宏观经济调控有关系。一般，利率同债券价格呈相反的运动趋势：当利率提高时，债券的价格就降低；当利率降低时，债券的价格就上升。

为了减小这种风险带来的损害，你应当在债券的投资组合中长短期配合。不论利率上升或者下降，都有一类可以保持高收益。

2. 价格风险

债券市场价格常常变化，若其变化与投资者预测的不一致，那么，投资者的资本将遭到损失。这一点，就是债券本身带有的风险。要规避它，就只能靠投资者的眼光和长远的谋划。

3. 违约风险

在企业债券的投资中，由于各种原因，比如管理不善、天灾人祸等，可能导致企业不能按时支付债券利息或偿还本金，而给债券投资者带来损失的风险，这就存在着不能完全履行其责任的

◇ 不同年龄的不同债券风险分析 ◇

处于人生不同的年龄阶段，理财目标与理财攻略也有不同。

单身时期

　　单身青年应提高储蓄率，有计划地积累第一桶金，既为今后扩大投资奠定基础，也为结婚、置业做好筹划。

　　这是一个已经建立家庭但还没有孩子的时期，或许很短暂。建议合理使用信用卡，通过无息贷款获取差额收益。投资应追求收入的成长性，核心资产可按股票70%、债券10%和现金20%的比例进行配置。

蜜月时期

家庭成长期

　　教育金筹集在这一阶段最重要，孩子从小到大连续支出的总金额可能不亚于购房花费。在保险需求上，人到中年，对养老、健康、重大疾病的需求较大。

　　此阶段从子女完成学业到自己退休，理财重点是扩大投资，制订合适的养老计划。建议将投资的50%购买股票型基金，40%用于债券或定期存款，10%用于投资货币型基金等。

家庭成熟期

退休养老期

老有所养，知足常乐

　　理财专家建议，退休后就应该健康第一，财富第二。老年人的主要收入是退休金、积蓄和理财收入，风险承受能力弱，保本最重要。

可能。

为了减少这种风险，投资者在投资前，不妨多了解一下公司经营情况，再参看一下相关部门对企业的信用评价，然后再作决策。

4. 通货膨胀风险

债券发行者在协议中承诺付给债券持有人的利息或本金的偿还，都是事先议定的固定金额。当通货膨胀发生时，货币的实际购买能力下降，就会造成在市场上能购买的东西相对减少，甚至有可能低于原来投资金额的购买力。

对于这种风险，你最好在投资国债时，也投资一些其他的理财项目，如股票、基金等。

5. 变现风险

变现风险是指投资者在急于转让时，无法以合理的价格卖掉债券的风险。由于投资者无法找出更合适的买主，因此就需要降低价格，以找到买主。为此他就不得不承受一部分金钱上的损失。

针对这种风险，最好选择流动性好、交易活跃的债券，如国债等，便于得到其他人的认同，也可以在变现时更加容易。

第七章

投资通行的"稳压器"
——黄金投资

黄金独特的投资优势

　　黄金是人类最早发现并利用的金属，它的稀缺性使得各个朝代的人们都视其为贵重的物品、财富的象征。因为黄金不仅由于其本身的稀缺性而有较高的商业价值，而且有着令所有人倾倒的美学价值。正因如此，黄金投资有它独特的优点。

1. 无风险

　　单纯从风险上看，黄金投资基本没有，所以是良好的财产保值、增值的方式之一。因为它的世界货币地位和被国际所认可的流通能力，使它可以打破地域和语言的限制，在各个国家使用。因此，黄金可以用来抵抗通货膨胀及政治动荡等因素造成的对财富的影响。于是，所有的投资者都将黄金作为投资对象之一。而黄金之所以能够抵抗通货膨胀，主要是因为它具有高度的流通性，全球的黄金交易每天24小时进行，黄金是最具流通能力的硬体资产。

2. 无折旧

无论何种投资，主要目的不外乎是使已拥有的财产保值或增值，即使不能增值，最基本的也应维持在原有价值水平上。但是，如果财产价值逐渐减少的话，就完全违背了投资的目的。黄金就不必担心这点，它不会有折旧的问题。

3. 流通无阻

黄金是流通性良好，并能在世界上通行无阻的投资工具。这点只需要举个例子就可以说明——只要是纯度在99.5%以上，或有世界级信誉的银行或黄金运营商的公认标志与文字的黄金，都能在世界各地的黄金市场进行交易。

4. 投资必备

没有一种投资理论不强调黄金投资的重要性，它们都会建议投资者尽量利用投资组合来进行投资，并且投资组合必有的一项就是黄金。尤其是在政局动荡不安，或者经济萧条的年代，黄金才是最能保值的东西。

5. 收藏价值

如今我国黄金市场上关于奥运会的纪念金条、金砖等金制品都已经全面推出，它们都经过了工艺化、艺术化的加工，图案精美，极富收藏价值。

个人炒金可通过银行开户交易。目前对于个人投资者，银行

◇ 投资黄金的好处 ◇

黄金作为贵金属，是一种硬通货。不论通货膨胀还是货币贬值，都不会对黄金的价值产生影响，反而其价值会随着通货膨胀而升值，因而黄金投资深受人们的喜爱。

无风险

即使政局和经济不稳，尤其是发生战争或经济危机时，黄金的价格仍能维持不变甚至稳步上升，保持了资产的价值。

无折旧

当金饰久经佩戴变得失色之时，黄金本身的价值并没有削减，只要重新清洗就可以恢复原来的光泽，可以随时熔炼制造全新的金饰或金条。

流通无阻

黄金是世界通行的货币。在世界各地的银行、首饰商、金商都能够把黄金兑换为当地的货币，黄金可以全世界通行无阻。

投资必备

黄金在任何时间、任何地方，其价值都不会被地区的突变而撼动。所以被多数投资者选择。

收藏价值

因其价值的固定性决定了它具有收藏价值。无论是古代金器还是近现代的纪念品，都是很好的藏品。

黄金投资业务主要有三种，分别是账户金、个人实物黄金买卖和个人实物黄金投资。

把钱放在银行里，只能越存越少；投资房产，流动性太差；用来炒股，很多人又难以承担高额的风险；炒金就成了普通投资者最理想的选择。

预测黄金价格的三大方法

对于黄金投资者而言，最关心的问题莫过于黄金价格了。对价格的准确判断是赢利的基础，然而黄金是兼具商品和货币双重属性的特殊产品，它的价格走势有什么特点，其价格又如何准确预测？

黄金价格走势的基本特点。在介绍预测黄金价格的方法之前，可以先总结一下多年来黄金价格走势的基本特点，这样才能对预测黄金价格的方法有较好的理解和把握。目前，我们公认的黄金价格走势特点为：

首先，从超长时段来看，黄金价格基本上是持续上涨的趋势。这个特点主要源自黄金与信用货币的各自特性决定了以信用货币标记的黄金价格，长期来看必然上涨。另外，1944年布雷顿森林体系建立后，以美国为首的西方国家纷纷采用了以信用泡沫刺激经济增长和作为配置资源的手段，从而导致了在第二次世界大战后国际经济体系内累积的信用泡沫越来越多，进一步加大了黄金价格上涨的内在动力。

◇ 如何预测黄金价格的走势 ◇

根据这些年来黄金的历史趋势，可以总结出黄金的预测方法：

| 根据供需变化预测 | 根据美元走势预测 | 根据黄金生产成本预测 |

其次，趋势一旦形成，则多年不会逆转。黄金可以说是世界货币，其美元价格的长周期变化趋势反映了世界地缘政治格局和国际经济、世界货币体系的重大变化，而这种内在决定因素的变化往往是长周期的，一旦发生变化，则将延续多年。黄金价格机制的上述特点直接决定了黄金价格走势的特点，即黄金价格的趋势一旦形成，则在相当长的时间内都不会变化。另外，突发事件影响较大，一般情况下单位时间内的波幅较小。

最后，黄金价格对重大事件会提前反映。黄金价格的转折或重大变化往往能够对重大地缘政治事件、国际经济金融事件的发生提前做出反映。

如何选择实物黄金

根据世界黄金协会的统计，实物黄金仍是以中国和印度为代表的亚洲买金者的首选，在西方黄金投资者中，只有不到三分之一的人持有金条或金币，而约有八成的亚洲投资者则希望持有实物黄金。将实物黄金产品作为投资的标的，其中包括金条、金币、金饰品等，这在我国的黄金消费投资需求中也占到了很大的比例，"藏金于民"便是来源于此。

每年春节临近时，市场都会迎来黄金的消费旺季。股市的动荡和对通胀的担忧，使得很多敏感的投资者在金价不断走低之时选择了抄底。由于实物黄金产品具有投资型、收藏型、金饰品等形式，产生的投资成本和额外收益也会出现很多不同，因此购买时注意考量其用途和溢价因素。

1. 投资型：溢价少，变现易

一般来说，投资型金条的纯度较其他纪念性金条或黄金饰品要高一些，几乎不含杂质。投资型金条价格通常都是参照上海黄金交易所原料金的实时牌价，溢价幅度大概在每克10元，而收藏型金条、金币等相关产品由于工艺成本高，溢价幅度要远远高于投资型金条。业内专家认为，对于以平衡资产风险与保值需求的投资者而言，投资型金条应该是最佳的投资品种。

从购买渠道来说，现在市场上已经包括了上海黄金交易所、银行代理实物黄金、金商自有品牌和银行自有品牌这几大类的投资型金条。一般规格为50克、100克、200克和500克甚至以公斤计算。

实物金的长线投资策略适合多数的普通投资者，无须很多专业知识和投入过多的时间精力。由于金条金币占用资金量大，类似房产等固定资产投资，资金流转周期长，需要投资者有耐心，不迎合市场情绪。

2. 收藏型：工艺精，有内涵

虽然收藏型黄金产品在投资性方面有所不及，但由于其工艺精美，往往具有特殊的文化内涵，在受欢迎程度上并不逊于投资型金条。纪念性金条或金币一般都有发行题材和发行量的限制，例如贺岁金条是以农历年生肖为题材制成的纪念性金条或金币。

如果纯粹为了收藏纪念或鉴赏，专家建议投资者应选择权威产品，在鱼龙混杂的各类机构产品中择优藏金。一定要选择中国人民银行、中国金币总公司等权威部门发行的黄金制品，这主要是对黄金制品的成色和品质的保证，也会对将来的兑现提供最好的保证。在保证权威部门发行的前提下，可以根据自己的喜好选择题材，像近年来热门的生肖、奥运以及世博题材黄金制品，其附加值都已经被市场所承认。

3. 金饰品：不具备投资价值

说起黄金投资，很多老百姓最先想到的是购买金饰品。但是，从纯投资角度而言，金饰品不适合做黄金投资。金饰的主要用途是用来装饰、美化生活，它的意义在于美观、好看，购买黄金首饰并不是投资黄金，而属于消费层面，与真正意义上的投资实物黄金有着显著区别。

金饰品由于加工费用、工艺费用比较高，以及企业本身的利润需求，价格相对于金原料而言的溢价较高，其溢价幅度一般都会超过20%。此外，金饰品要变现又将面临很高的折价，折价的幅度常常会超过15%。一般首饰金店都会回收废旧黄金首饰，当前的金饰品如果要直接向一般的金店进行回售，其价格将远远低于同期上海黄金交易所金含量相同的原料金价格。

新手"炒金"的注意事项

随着黄金市场的再次走俏，"金市"里又多了一批满怀致富热情的新手。而新手投资黄金，应该注意哪些事项呢？

1. 制订详细计划

"凡事预则立，不预则废"，这是千百年来被验证的真理，而在黄金投资中，你理应在开始投资前，作出一份切实可行的投资计划。在这份计划书中，应当包括你个人的财产情况、家庭情况、投资目标（期望能获得多大回报），选择什么投资产品，按照什么步骤来执行，如何不断检查、完善你的计划，等等。你要充分结合自己的理财特点和风格来拟订这份计划，以使它更加切合你的情况。

2. 选择好的金商

在制订出好的投资计划之后，就该是好的金商上场了。在市面上，有琳琅满目的黄金投资产品，它们都是由不同的珠宝机构或者银行提供的服务项目，种类繁多，令人目不暇接。那么，你该如何选择？

你可注意以下"三比"。

（1）比实力。实力大小是评估金商的一个重要标准。实力雄厚、知名度高的商业银行和黄金珠宝公司的产品和服务都很受大众青睐，而由于其有足够的资金做后盾，也比较值得信赖。

（2）比信誉。信誉好不好，在商场上几乎决定了一个生意人的成败。诚信是每一个经营者都应当提倡的，而这也是一条普通的商业规则。如果金商的信誉度不高，还是淘汰掉比较好，以免后患。

（3）比服务。很多情况下，投资者不会太在意金商的服务。往往只要质量好，金商的态度或者售后服务不好也可以迁就一下。可是，在购买后真出现了问题，你能得到应有的对待吗？所以，最好心里有个底，留意一下金商的服务机构、所做的售后承诺以及服务的执行情况。

3. 学习相关知识

"磨刀不误砍柴工"，投资者不妨在正式开始投资黄金之前，努力学习一下黄金投资方面的知识。仔细阅读一些专业文章，会让你在投资的时候更加得心应手。

学习这些知识的途径不外乎四种：从书本和有关文章中学习；从网站搜索各种资源学习；向先入行的投资者学习；在实践中学习。

4. 做好心理准备

一个投资者如果没有做好心理准备，不可能投资成功。因此炒金人也要事先有所准备。黄金市场上也有一定的风险，投资者一定要正确面对。为了能让你的心里更有底气，你可以多浏览国内和国外的时政，也可以多了解一些影响金价的政治因素、经济因素、市场因素等，进而相对准确地分析金价走势，从而做到在面对风险时能镇定自若。

5. 选购黄金藏品

黄金藏品大都珍贵而精致，所以除具有其本身价值外，还兼具文化、纪念和收藏价值。倘若你能在众多黄金制品中挑到成色好、样式新颖，并且极具纪念和收藏价值的金品，你就能投资成功。所以选购好的黄金藏品，也是投资的重中之重。

纸黄金的投资策略——放长线钓大鱼

随着国内黄金市场的逐步开放，个人黄金投资品种先后出台，给普通投资者提供了更多的投资选择，人们开始关注黄金这个新兴的投资品种。纸黄金作为投资理财的一个重要组成部分，从其资产的安全性、流动性考虑，将其纳入整个家庭理财的投资组合中，不失为一种理智的选择。

美元的弱势会越来越明显，很多经济体都会增加外储中的黄金比例；同时，机构和个人为对抗通货膨胀，必然形成对黄金等贵金属的大量需求。因此，全球黄金牛市到来的可能性是比较大的，而且正由于相同的原因，也很可能持续下去。因此，对美元与美国经济的消息面应当进行重点关注。长期持有纸黄金，依现在的形势是不错的选择。

纸黄金就是个人记账式黄金，你可以通过把握市场走势低买高抛，赚取差价。但是，黄金市场风云变幻，金价走势受供求、政治、经济、技术和心理等诸多因素影响。有时大起大落、风高浪急，有时多空胶着、波澜不兴。

可以看出，纸黄金适合放长线钓大鱼。

鳄鱼法则——及时止损

及时止损，是一项极其重要的投资技巧。由于投资市场风险颇高，为了避免投资失误带来的损失，因此每一次入市买卖时，我们都应该订下止蚀盘，即当汇率跌至某个预定的价位，还可能下跌时，立即结清交易，因而这种计单是限制损失的订单，这样我们便可以阻止损失的进一步扩大了。只有这样，才能保证自己的利益最大化、损失最小化。

◇ 鳄鱼法则 ◇

　　假定一只鳄鱼咬住你的脚，如果你用手去试图挣脱你的脚，鳄鱼便会同时咬住你的脚与手。你越挣扎，就被咬住得越多。所以，万一鳄鱼咬住你的脚，你唯一的办法就是牺牲一只脚。

　　这就是"鳄鱼法则"，映射到投资学中，就是要我们学会及时止损，不然你的损失更大。大家都了解止损的重要性和必要性。但是止损为什么这么难？

我知道，可止损怎么这么难？

早就说了让你止损！

　　其一，侥幸的心理作祟。一些投资者尽管也知道趋势上已经破位，但过于犹豫，总是想再看一看、等一等，导致自己错过止损的大好时机。

　　其二，价格频繁的波动。价格频繁的波动会让投资者犹豫不决，经常性错误的止损会给投资者留下挥之不去的记忆，从而动摇投资者下次止损的决心。

　　其三，执行止损是一件痛苦的事情，是一个痛苦的过程，是对人性的挑战和考验。

　　止损设置非常重要，这在保证金市场中为投资者必备、必学的风险控制技能。止损的设置多种多样，跟不同的资金量、仓位、入场价格有相当大的关系。以下介绍几种实用的中线止损方法：

1. 均线止损法则

一般来讲，均线具有助涨助跌的作用，同时也可作为一条弯曲的趋势线来使用，一旦金价跌破一条重要的均线，行情可能宣告反转。一般22日均线具有这个功能。若22日均线为上涨趋势时，每当金价回落到该均线便是建立中线多单的机会，而在该均线之下设立止损，一旦价格有效跌破即可止损出局，防止亏损扩大。

2. 日 K 线止损法则

当价格处于上涨趋势时，对于中线投资者来讲（这里的中线投资者为投资周期在1周以上的），可以前一日大阳线的最低点为止损价位，当价格跌破该价位时为空头信号，应考虑止损离场。相反，当价格处于下跌趋势时，以价格刚开始下跌时出现的大阴线的最高价作为合理止损价。

3. 重要支撑压力止损法则

在重要的支撑下设置止损，一旦价格有效跌破该支撑位则止损离场，甚至可以追空，因为重要支撑位一旦被跌破往往意味着行情的反转，价格将跌得更多，在重要的压力位上设置止损，一旦价格有效突破该压力位则止损离场。

第八章 我的房子我做主 ——房产投资

高价值增长是投资房产的关键

谈到房产投资，有很多人可能会提出这样一个问题："我要投资一个物业，是看它的增值潜力，还是看它的租金回报呢？"

对房产投资者来说，这的确是一个很重要的问题。以许多人的投资经验来看，物业价值增长潜力的大小，应该成为选择物业投资最重要的出发点，因为它给我们提供了一个创造财富的杠杆。对一个金融机构来说，你要买房贷款，第一个问题就是你是否有抵押品。

然后，再看租金收入。通常，我们在媒体物业销售的广告上总能看到"租金保证"一类的话，这对投资人来说，是一个不可忽视的信息，它意味着房地产经销商以租金保障为诱饵，促使投

◇ 高房价之下，聪明人的购房思路 ◇

很长时间以来，房价是"乱花渐欲迷人眼"，而老百姓们则是"为伊消得人憔悴"。一边是国家的调控政策的轮番轰炸，另一边是房价节节攀升。究竟是现在就买，还是等到房价回落？在房价这么高的情况下，如何买房？在房价走势不明的形势之下，聪明的购房人需要掌握四个基本原则。

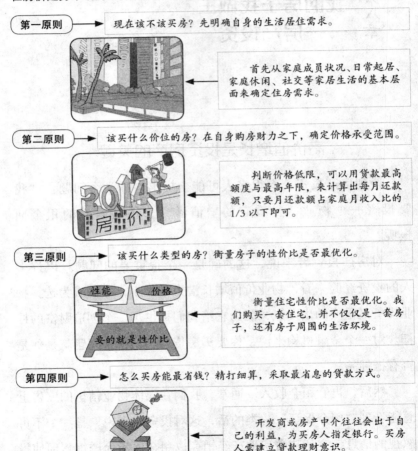

第一原则 ➤ 现在该不该买房？先明确自身的生活居住需求。

首先从家庭成员状况、日常起居、家庭休闲、社交等家居生活的基本层面来确定住房需求。

第二原则 ➤ 该买什么价位的房？在自身购房财力之下，确定价格承受范围。

判断价格低限，可以用贷款最高额度与最高年限，来计算出每月还款额，只要月还款额占家庭月收入比的1/3以下即可。

第三原则 ➤ 该买什么类型的房？衡量房子的性价比是否最优化。

性能　价格
要的就是性价比

衡量住宅性价比是否最优化。我们购买一套住宅，并不仅仅是一套房子，还有房子周围的生活环境。

第四原则 ➤ 怎么买房能最省钱？精打细算，采取最省息的贷款方式。

开发商或房产中介往往会出于自己的利益，为买房人指定银行。买房人需建立贷款理财意识。

资人购买其物业。如果一个用于投资的物业在一定的时间内提供了持续的租金，这就等于向投资者提供了启动资金。从长远利益考虑，不管房地产商人是否意识得到，这一承诺体现的价值，远比这一物业真正的租金价值高。

在观察价值增长和租金收入的关系，即高的租金相对于低的价值增长，或高的价值增长相对于低的租金回报时，我们应该认识一个规则：一个好的投资房产，它的价值增长所得到的回报，将比它的租金收入高得多。

那么，怎样才能判断房子的投资价值呢？房地产行家们的标准有三个：地段、地段、还是地段。什么样的地段建什么样的房子，才是这句话的真正含义。

投资房产价值的高增长，导致了房产的另一个优势，即你所拥有的净资产会很快增加。其结果是，你的债务由于所拥有的物业价值的增长，而使其在整个物业价值的比例中变得越来越小，属于你的资产却越来越大，并逐渐高于你所欠的债务，使你在投资房产的财务状况中逐渐处于一个有利的地位。

但是，这并不意味着你在选择一个用于投资的地产时，仅仅从地产的价值增长来考虑，从而忽视租金收入的因素。这里要强调的是，在优先考虑价值增长的情况下，我们也要把租金收入作为另外的投资获利的因素，因为租金收入可以帮助你抵消购买和管理物业方面的费用，诸如贷款利息、维修费用等，也就是说，租金收入是你持有物业的基本保证。

尾房里"淘金"

　　房价节节上涨，对财力有限的购房者来说，如何买到价格适当、地段和房型都理想的房子，实在颇费心神。在某金融机构工作的张小姐就从某楼盘的尾房中淘到了一套如意的房子。

◇ 教你如何从尾房"沙里淘金"◇

①要懂得区分尾房、烂尾房和空置房。购买时只要查验开发商是否持有卖房所需证件及其真实性，就可避免损失。

②要择优购买，切勿只图低价而买了"假实惠"。验收尾房时，要仔细检查房屋的各类设施，还应与开发商签署相关文件，以明确责任。

③请教专业人士以获得切实可信的指点。购房者若对一些楼盘早有垂青，可请一些专业人士通过实地考察加以甄别，谨慎选择尾房。

张小姐本来看中了一套4300元/平方米、90多平方米的期房。但在付款前她发现附近另一处原价在4800元/平方米左右的楼盘，正以4500元/平方米的特惠价出售尾房，面积在100平方米左右。经过比较，张小姐选购了一套尾房。她认为该楼盘品质不错，但原先的售价超出了她的购买能力。如今该房每平方米让利达300元，虽然房屋面积和价格都超出了她的购房计划，但她目前的经济实力仍可应付，而且从长远来看，这套尾房也较具投资价值。

一直以来，尾房给人的感觉就是被挑剩下的，基于"便宜无好货"的想法，许多购房者对此望而却步。

首先可以了解一下产生尾房的原因：一些被客户挑剩下的尾房确实存在朝向差，楼层、景观不理想，户型不合理等问题；但有一部分尾房是开发商留作自用、出租，或作为精品典藏的户型；另外，还有部分尾房则是客户有意购买但暂时保留，或前期被人购买后又退房的，后面两种情况中，就不乏好房。

作为一个想买房却又财力有限的普通购房者，若能以全新理念审视尾房的价值，那么，有些物美价廉的尾房完全可成为一种上佳的投资选择。

买房不可忽视哪些问题

房子越建越多，关于房屋的各种问题也接踵而至：房屋漏水、墙体脱落、房产纠纷……因此，购买房子之前，一定要注意

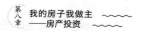

以下几个方面：

1. 选准看房时机

一般来说，阳光明媚是看楼的好天气，这个时候，你应该到你喜欢的房子里去瞧瞧，首先看户型是否合理，通风是否良好，朝向景观如何，设备是否齐整好用，还得考虑一下夕照是不是很严重，夕照严重的房子会让你整个夏天差不多浪费掉一个房间。雨天也得去看看。关于市政配套，首先就是交通问题，其次是水电煤气暖气、肉菜市场等。

2. 要学会对比

如果想要买到合意又便宜的房子，货比三家是少不了的。如果通过房屋中介来买楼，可以要求多提供一些房源来比较，每个房源最好都参照第一条去"眼见为实"一下，然后列个表格比较优劣，找出最适合自己的那一套。如果是自己找房子就利用一下互联网，到专业网站去多找些选择对象。

3. 要查清楚房子的产权问题

在签订合同之前千万别忘了查清楚房子的一些问题。首先，要求卖房者提供合法的证件，包括身份证、房屋所有权证、土地使用权证以及其他证件。其次，到当地房地产管理部门查验房屋的产权状况，包括是否真实有产权，产权证上的记载事项是否真实，以及房屋是否属于禁止交易的房产，若房产已列入拆迁范围，或被法院依法查封，则房屋所有权人进行交易的行为是无效的。最后，要对欲购房产进行详细的了解，如抵押贷款合同的还款期、利率、本息，房屋租赁协议中的租金、租期等问题，当然身份证的真假也要查清楚。

买房如何"杀价"

杀价是一门大学问，它如同三军作战，攻心为上。大至外交谈判，小到日常买菜，都要讨价还价一番。因此，掌握一些讲价技巧，不但可以为自己省钱，而且还能自得其乐。

对于大多数买房人来说，买房砍价的空间到底有多大是一个谜。有趣的是，许多购房者对自己的购房价格三缄其口，而不同的购房者对同一房产也能得到不同的报价。种种迹象表明，房地产价格存在较大的弹性空间，但并不是所有的购房者都能吃到房价折扣这块"蛋糕"，许多人稍不注意就会成为"冤大头"。那么，房价的正常打折范围有多大？买房人如何砍价最有效？如何能买到最划算的商品房？

1. 商品房的利润空间

有多年房产开发经验的某开发公司总经理曾说，房地产开发市场有很多不可预知的因素，包括政策因素、土地因素、成本因素、市场因素等，如果前期没有充分估计，就有可能增加3%～5%的成本，利润如果低于8%就可能赔钱。

2. 五次砍价机会

一位业内资深人士说，对于消费者而言，他们有五次砍价

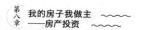

机会：一是期房开盘之初，为了吸引购房者，开发商往往有一些优惠，但是这种优惠是和期房的升值预期挂钩的。由于从期房到现房，房价涨幅一般在10%左右，所以优惠幅度一般被控制在10%以内。二是在买房人一次性付款时，此时的折扣空间一般高于存款利率而低于贷款利率。三是团体购房时，因为开发商不仅节约了宣传和代理费，也不用操心楼层、朝向的调配，当然会让利销售。四是买尾房可以得到优惠。一般来说，开发商为了尽快收回资金或为下一楼盘做宣传，会将尾房打折出售，有的尾房甚至可以有8折的优惠。五是已经买了房的业主，若你再带一个客户来买房子，一些开发商也会提供一些优惠措施作为回报。

◇ 如何巧用房贷由"房奴"变"房主"◇

现在，越来越多的人加入贷款购房的行列。因房子而为银行"打工"，已是无法改变的事实。那么，如何巧妙地利用银行房贷为自己解忧，由"房奴"变为"房主"呢？

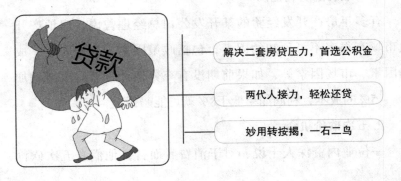

解决二套房贷压力，首选公积金

两代人接力，轻松还贷

妙用转按揭，一石二鸟

3. 不要一味追求砍价

正如人们常说的那样，"天下没有免费的午餐"，如果消费者一味追求砍价，价是砍下来了，恐怕得不偿失。某楼盘的销售部经理张小姐对买房如何拿到折扣深有体会："如果楼盘砍价空间很大，就意味着它有一些不规范的隐患存在。"张小姐的话虽有以偏概全之嫌，但她道出了行业内的公开秘密：暗箱操作的机会很多。

4. 如何吃"折扣"

据业内人士介绍，正在热销的楼盘一般不会打折。但只要购房者下足功夫，还是能拿到折扣的。某楼盘销售部经理透露，这个功夫来自两个方面：首先，买房前一定要多了解这个项目及周边项目的情况，包括价位、性能，做到有自己的心理价位和心理预期；其次，要尽可能取得第一手"优惠情报"。

小产权房是投资"雷区"

"小产权房"并不是一个法律上的概念，通常是指村集体经济组织在集体土地上集中建设用于安置集体内部成员的农民住宅楼后，擅自将其中一部分房屋销售给本集体经济组织以外的成员，擅自销售的那一部分房屋。这类房屋无法办理房屋所有权证，仅有乡或镇政府（街道办事处）或村委会（居委会）的盖章才能证明其权属。

近些年，随着房价的持续走高，许多购房者将目光转向了看似物美价廉的"小产权房"。殊不知，小产权房后面有很多不为人知的"雷区"。购买看似便宜的"小产权房"，可能要承担一系列风险。

1. 落户是大麻烦

"我们当初购买这套房主要是图便宜，因为原先的住宅要拆迁，就舍近求远到这儿买了房。"购买小产权房的刘女士说，"当时这套房子买的时候每平方米均价只有5000元，与城里的同质房源相比，便宜了一半。但因为是'小产权房'，至今拿不到两证，全家户口仍落在鼓楼区的福建路，这给生活带来了诸多不便。

"因为难以在当地落户，交社会医疗保险、行使选举权等都不能与当地相关部门进行对接，我们这些从'外地'迁入的业主，很难融入当地的生活圈子。"

2. 业主权益难保障

真正让"小产权房"业主们普遍困扰的，是在正当权益受到侵犯时，无法得到及时保障。"小产权房"因房价低，不仅基础设施配套跟不上，物业管理也十分混乱。直到出现纠纷需要调解时，他们才被相关部门告知，由于不具备房屋产权，恐怕难以得到法律保护。

因为"小产权房"业主拥有的实际上只是集体土地房的使用权，所以涉及房屋产权人才有的权益时，根本无权主张，他们至多算是业主代表，维权时身份是很尴尬的。

3. 无法申请办理房屋产权登记，不能依法上市交易

小产权房不是在国有建设用地上建设的，没有国有建设用地使用权证，不能办理相关的用地规划、建设工程规划、建筑施工许可等批准许可手续，以及质量、消防、环保等竣工验收手续，最终无法办理房屋所有权证。相应地，买了小产权房后再次出售，也就只能进行"地下交易"，无法在房管部门办理登记过户手续。

4. 无法办理继承手续

小产权房手续不全，若买受人购房后去世，其继承人也无法办理正式的继承和登记手续。

5. 无法办理抵押借款

小产权房手续不全，银行等金融机构不会同意以小产权房作为合法的抵押物发放贷款。

6. 房屋质量无法保证

小产权房的地质勘察、建设工程设计、施工、监理等各个环节均不是严格按照《招标投标法》的规定进行操作的，对建设工程施工承包人的资质和工程施工质量等问题也难以进行有效的监控，相关各方为追求利益的最大化难免会牺牲买受人的利益。因此，小产权房存在质量问题的情况是很常见的。一旦质量问题暴露出来，可能又要面临档案不全，各方面敷衍、回避，施工单位无处追寻等一系列问题。

二手房买卖如何规避风险

二手房交易中有许多潜在的风险，了解二手房交易中的相关知识，不仅能增加二手房买卖的"保险系数"，规避交易风险，减少交易纠纷，同时还省心、省时、省力。以下是一些典型案例分析，希望对二手房买卖双方能有所帮助。

1. 所有权不清的房屋不能购买

刘先生看中了陈女士在合群路上的一套面积为62平方米两房一厅的房屋，双方约定成交总价为33万元。刘先生只要先预付40%的房款就可得到房屋钥匙，过户手续办完后，刘先生再将尾款付清。刘先生很爽快地付了预付款给陈女士，陈女士打了收条并将房门钥匙交给了刘先生，两人约好第二天去办理过户手续。没想到在办理过户手续时，陈女士前夫提出来，合群路的这套房子是他和陈女士的共同财产，产权证上的产权人是他和陈女士两个人，他不同意将房子出售，这笔交易不能进行。刘先生一下子恼了，满腔怒火向陈女士发泄，言语自然不好听，陈女士也不甘示弱，双方大吵了一场，刘先生向陈女士讨要预付的房款也没有结果，大家不欢而散。而后，刘先生以不归还房门钥匙为要挟，经过几番讨要，才终于要回了预付款，原本高高兴兴的买房却变成了一场劳心费神的闹剧。

上述案例中，刘先生没有查看对方的有关房屋资料，也没有对房屋的所有权进行确认就草率地支付了部分房款，如果卖方并非房屋所有权人，买方的房款可能一分钱也收不回来。案例中刘先生虽然大费周折才收回房款，但已经算是比较好的结局了。

2. 未收到购房款不要办理过户手续

张先生在大街小巷张贴售房启事，打算出售96平方米三房两厅的一套房屋，售房启事贴出后不久，就有一位姓李的先生致电表示愿意购房，看房后双方签订了一份协议约定成交价为100.3万元，办理过户手续时产生的费用双方各付一半。协议签订后张先生就将所有的过户资料都交到产权部门办理过户手续，过了十天左右，李先生致电张先生，说他急需用钱不能买房了，之后就再也没有出现。

在二手房交易中，对卖方而言最主要的风险即是在未收到购房款或任何抵押金的情况下，就办理过户手续，如上述案例中张先生这样，因为对方失约，导致交易夭折，因而需要办理二次过户手续，费时费事不说，还损失了一笔钱。

异地二手房投资："鸡肋"还是商机

近年来，在规避高房价和追求品质生活的需求引导下，越来越多的购房者选择在自然环境、生活环境较为舒适的异地购房。

一些北京购房者会选择在环境优美、气候宜人的青岛、威海等地购房；而一些上海购房者则会选择周边的苏州、昆山等地购房。异地房产除具明显的价格优势外，还可同时满足养老、休

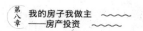

闲、投资等多种需求，具有高性价比的特性。但由于异地购房客观上存在严重的信息不对称，因此在产权性质、贷款政策、物业信息等方面存在一定的风险。

房地产专家认为，异地购房首先需从风险和回报两个方面综合评估房产的投资价值，并密切结合政策变化情况，在充分考虑自身经济实力和支付能力的基础上做出理性决策。

1. 确认异地购房贷款资格

由于各地政策执行情况和具体实施细则存在一定的差异，购房者应在购房之前就自身具体情况咨询当地银行和贷款咨询服务机构，来确定自己是否具有在该地贷款购房的资格。

2. 二套房贷认定标准不一

这里须特别注意的是，二套房贷的认定标准各地也有所区别，对于异地购房是否属于二套房，购房者可到当地房地产相关部门或房地产经纪公司进行咨询，以便选择最有利的贷款方式。

如果异地购房者所购买的异地住房被认定为第二套房，则要从贷款首付比例和贷款利率两个方面进行整合分析和比较，确保所购房产的投资价值足以补偿因二套房贷款所带来的额外利息支出。

3. 货比三家，选择合适的贷款

购房者不妨多咨询几家银行，以便通过对比选择最适合自己的贷款银行和贷款方式。

专家提醒购房者，异地购房应首选现房或二手房，慎重选择

◇ 二手房合同容易出现的问题 ◇

做低成交价避税

因为税收政策调整对不满五年的二手房交易产生较大影响，于是房地产中介机构开始大量推荐满五年的房屋。很多房地产中介机构将满五年作为二手房房源的一大卖点。为少交纳营业税，一些房地产中介机构还帮业主将合同成交价做成普通住宅标准。

统计数据紊乱

阴阳合同大量存在，与各地最低过户价标准过低有关，经过近年房价大幅飙升，最低过户价格标准已远远偏离市场价格，通常相差 2～3 倍。按最低过户价格标准操作的阴阳合同，直接导致房管部门根据二手房合同价进行统计的二手房均价难以反映市场成交价格的真实情况。

期房。如条件允许购房者应尽量到项目所在地进行实地考察，以便全面了解项目户型、层高、容积率、物业配套等信息。

第九章 为你的未来系上安全带 ——保险投资

如何选择保险公司

参加保险，是人们保险意识不断加强的表现。可保险公司有很多，应该选择哪一个呢？怎样评估一个保险公司呢？你可以参看如下的标准：

1. 公司实力放第一

建立的时间较久的保险公司，相对来说规模大、资金雄厚，从而信誉度高，员工的素质高、能力强，他们对于投保人来说更值得选择。我国国内的保险业由于发展时间比较短，因此主要参考标准则为公司的资产总值，公司的总保费收入、营业网络、保单数量、员工人数和过去的业绩等。消费者在选择保险公司的时候不应该只考虑保费高低的问题，购买保险不是其他货品，除了看价格，业务能力也很重要。大型的保险公司在理赔方面的业务比较成熟，能及时为你提供服务，尽管保费较高，但是其能够保证第一时间理赔，仅这一点，就值得你选择。

2. 公司的大与小

作为一种金融服务产品，很多投保人在投保时，在选择大公司还是小公司上，犹豫不决。其实，在这一点上要着重看它的服务水平和质量。一般来说，规模大的保险公司理赔标准一般都比较高，理赔速度也快，但缺点是大公司的保费要比小公司的保费高一些；相比之下，小的保险公司在这方面就有不足，但保费会比较低，价格上具有一定的竞争优势。

3. 产品种类要考验

选择合适的产品种类，就是为自己选择了合适的保障。每家保险公司都有众多产品，想要靠自己的能力一点点淘出好的保险产品，并不容易。不过找到好的保险公司就不同了。因为一家好的保险公司能为你提供的保险产品都是比较完善的，可以从中选择应用广泛的成品，亦可省了众多的烦恼。而一家好的保险公司一般应具备这样几个条件：种类齐全；产品灵活性高，可为投保人提供更大的便利条件；产品竞争力强。

4. 核对自己的需要

保险公司合不合适最终都要落实到自己身上，你的需要是什么？该公司提供的服务是否符合你的要求？你觉得哪家公司提供的服务更完善？精心地和自己的情况进行核对、比较，这才是你做决策应该考虑的最重要的问题。

如何让保费省钱

购买保险对资金进行合理安排和规划，可以有效防范和避免因疾病或灾难而带来的财务困难，同时可以使资产获得理想的保值和增值。但在当前省钱才是硬道理的经济形势下，如何才能让自己的保险买得经济又实惠呢？

1. 弄清自己买的是什么

保险公司在谈论人寿保险的时候，避免直接说"人寿保险"这个词，总是会用一些委婉的说法，例如用"保障抵押""退休养老计划"或"避税方案"等加以包装。很多保险公司都要求保险顾问不要用最直白的说法告诉潜在的客户，某种保险的真正含义是什么。

但是，应该清楚的是，自己是在购买人寿保险。保险顾问总是强调保险的降低风险、规避纳税等方面的优势，但是他们会尽量掩盖保险的另一面：高手续费、长年累月的定期缴纳，以及一旦提前终止所受到的巨大损失。因此，不要被保险的包装所诱惑，一定要弄清哪个保险方案真正适合你。

2. 要考虑附加险

一般来讲，附加险具有交费低、保障高，最具保险的"以小钱换大钱"的特点。例如，有一位女士，购买了主险"重大疾病终身保险"，同时投保附加险"附加住院医疗保险"，主险基本保额和附加险年保险金额均为2万元，两项保险费总共不到1500

元。后来，这位女士不幸被医生诊断患有急性淋巴细胞白血病，住进了医院，共花费治疗费用3万多元。保险公司按照合同，支付了6万元的赔款。如果这位女士仅买主险的话，要想达到相同的保障至少要多花1倍的钱。

3. 选择合理的缴费方式

保费大多会在每月或每年按时、自动地从账户上划走，非常方便。但是，在每月或每年对账单的时候，你还是要问问自己这种支付方式是否合适、这些钱花得是否值得。因为，有的时候年付比按月支付要便宜15%~20%。所以，不要在不知不觉中被

◇ 如何选择保费的缴纳方式 ◇

"咬"了一大口。

保费的缴纳方式可以分为期缴和趸缴两种，顾名思义，期缴就是分期缴纳；趸缴是指一次性缴清，之后就不再负有缴费的义务而享受保障权利。不同的保险其缴费方式也不尽相同，选择合适的缴费方式不仅可以节省保费，还会影响到个人的理财习惯。

此外，有些投保人面对长达二三十年的缴费要求，担心因为不能按期持续地缴费，而影响保单的效力。这时，如果收入相对丰厚，或拥有一定的银行存款余额的客户，可选择在适当短的时间内完成保单缴费义务，以避免这种担心。

购买保险前的准备工作

在众多保险公司推荐的五花八门的产品中，你是否觉得无所适从？经过业务员的推荐，你在购买了某一寿险产品后，发现该产品并不像当初想象的有那么大的作用？在五花八门的保险产品中，你是否能够设计出最优的保险方案？在购买保险产品之前，要做好三大准备工作：

1. 明确需求

购买保险时切忌面面俱到。在购买保险以前，要确定自己的保险需求。根据自己的需求大小做一个排列，优先考虑最需要的险种。一般情况下，保险公司会根据人们日常生活中的六大类需求来设计保险产品，分别是投资、子女、养老、健康、保障、

◇ 把握五个关键，顺利签订保险合同 ◇

您好，请出示您的《保险代理人》证书？

第一，当业务员拜访你时，你有权要求业务员出示其所在保险公司的有效工作证件。

第二，你应该要求业务员依据保险条款如实讲解险种的有关内容。当你决定投保时，为确保自身权益，还要再仔细地阅读一遍保险条款。

第三，在填写保单时，必须如实填写有关内容并亲笔签名，被保险人签名一栏应由被保险人亲笔签署（少儿险除外）。

第四，当你付款时，业务员应当场开具保险费暂收据，并在此收据上签署姓名和业务员代码，也可要求业务员带你到保险公司付款。

第五，投保一个月后，如果未收到正式保险单，应当向保险公司查询。

意外。

　　每个人面临的医疗费用风险是不一样的，因此所需要的保险保障范围也不同。影响风险的因素有职业、收入、地域、年龄和家庭等。比如享有社会医疗保险的人，在医疗费用支出较大的时候，需要商业保险的保障。而不享受社会医疗保险的人，则需要全面的商业医疗保险。经济条件好的人，在生病时有足够的承受能力。而经济条件一般的人，可能因一场大病陷入贫困。肩负家庭重担的人，在疾病期间可能需要额外的津贴。而单身贵族，则很可能不存在这个问题。因此你应该视自己的真正需求有选择地购买保险，而不要面面俱到。

2. 确定方案，注重长远保障

在了解和确定了自己的需求以后，就要通过选择保险公司和保险产品的比较，综合确定一个方案。对此，业内专家认为，在保险产品的挑选上，保险公司占了很重要的位置。

真正能维护你利益的，很大程度就在于这个保险公司的服务。人们在选择保险产品的时候也并不是"保险保障范围越大越好，功能越多越好"。专家指出，保险的价格和保障范围是成正比的，如果保险保障范围超出需要，则意味着支付了额外的价格。例如，一位教师发生工伤的机会微乎其微。如果其购买的保单范围包括工伤医疗费用，则白花了工伤保险的钱。请记住，要购买真正适合自己的保险产品。

因此，在购买保险之前一定要设计好一个能够保障长远利益的保险方案，这样才能得到物有所值的保险产品。

3. 学会签单，保证不受骗

当一切工作都准备就绪以后，还需要做的一个作业就是要了解填写保单的时候应该注意哪些问题，不要因为自己的一个小疏忽，最后影响保险产品发挥其本身的作用。

保险投资应遵循哪些原则

保险是现代家庭投资理财的一种明智选择，是家庭未来生活保障的需要。购买保险要根据自己的经济实力，选择最适合自己的保险项目及保险金额。从保险的回报来看，购买的保险最好不是单一的，以组合为佳。为此，要遵循以下原则：

1. 明确投保目的，选择合适的险种

在准备投保之前，投保者应先明确自己的投保目的，有了明确的目的才能选择合适的险种。是财产保险还是人身保险？是人寿保险还是意外伤害保险？为了自己退休后生活有保障，就应选择个人养老保险；为了将来子女受到更好的教育，就要选择少儿保险等。总之，要避免因选错险种而造成买了保险却得不到预期保障的情况出现。

2. 量力而行，确定保险金额

一般来说，财产保险金额应当与家庭财产保险价值大致相等，如果保险金额超过保险价值，合同中超额部分是无效的；如果保险金额低于保险价值，除非保险合同另有约定，保险公司将按照保险金额与保险价值的比例承担赔偿责任或只能以保险金额为限赔偿。

◇ 选择合适的险种，投保人应从哪些方面考虑 ◇

现在人们的保险意识越来越强，然而众多的保险险种让人眼花缭乱。那如何选择险种，选择哪种险种呢？下面介绍选择险种的考虑因素：

适应性 ► 投保要根据自己或家人需要保障的范围来考虑。

经济支付能力 买寿险是一项长期性的投资，每年的保费开支必须取决于自己的收入能力。

选择性 在经济能力有限的情况下，为成人投保比为独生子女投保更实际，因为作为家庭的"经济支柱"，其生活的风险总体上要比小孩高。

3. 保险期限长短相配

保险期限长短直接影响到保险金额的多寡、时间的分配、险种的决定，直接关系到投保人的经济利益。比如意外伤害保险、医疗保险一般是以一年为期，有些也可以选择半年期，投保人可在期满后选择续保或停止投保。人寿保险通常是多年期的，投保人可以选择适合自己的保险时间跨度、交纳保费的期限以及领取保险金的时间。

4. 合理搭配险种

选择人身保险可以在保险项目上进行组合，如购买1～2个主险附加意外伤害、疾病医疗保险，使保障性更高。因为，它可以避免各个单独保单之间可能出现的重复，从而节省保险费，得到较大的费率优惠。

保险合同关键看哪儿

在你都选择好之后，业务人员就会提供给你一份保险合同，让你填写相关信息。别小看这份合同，它是你最终能否受到切实保障的依据。在签这份合同时，你一定要弄清楚一些关键性的东西，否则，很可能在遭受损失后，你却没能得到合理的赔偿。

1. 条款的解释

填写保险合同时，你要仔细查看合同的每一条条款，甚至是要带着研究的态度去一条条分析。业务人员的片面之词不足取信，你要随时提问，问清楚每条都对你有什么作用、是否适合你。不要相信业务人员的任何承诺，那些都不如落实在纸面上的东西实际。不要怕麻烦，只要是心里觉得有疑问的地方都可以提出来，而回答这些问题也是业务人员的职责。

2. 保障是否全面

在通读过一遍保险合同后，你要再想想，它提供的保障是否全面，如果不全面，你还需要投保些什么？如果别的保险公司有

◇ 如何慎重选择保险公司 ◇

看公司实力

很显然，历史悠久、信誉度高、规模大、资金雄厚、业绩良好的保险公司对投保人来说是更值得信赖的。大型保险公司保费虽然较高，在理赔方面的业务却相对成熟，及时理赔，公司定损的网点也多。

看产品种类

一家好的保险公司提供的保险产品应具备这样几个条件：种类齐全；产品灵活性高，可为投保人提供更大的便利条件；产品竞争力强。

看偿付能力和服务水平

偿付能力：公司以往的赔付记录中有无拖欠拖延赔付金，公司股东的实力越强，经营状况越好，则偿付能力越强。当然服务水平越高，介绍得越具体，可信度也越高。

更全面的保障，何不再多比较一下？思考得越全面越好，因为这样，当你遇到特殊情况的时候，保险就越能为你出力。

3. 明确保单金额

你到底要保多少钱、每年要出多少钱，应是你十分关注的事情。明确好保单的金额，计算好要投保的数字，你才能规划好自己的保险方案，也能将其合理地安排到自己的理财计划当中。

4. 是否有附加险

有的公司提供的险种除了主险之外还有附加险，这一点虽然细微，但你应当关注一下，能以较少的钱来弥补更多的风险，十分经济实惠。投保了主险之后，可能还会有些许疏漏，附加险就可以针对这种情况进行补充。

5. 注意除外责任条款

除外责任条款，也叫"例外条款"，即保险公司不保的那些情况，这条你应仔细琢磨一下。很多投保人在事后才发现，自己受的伤害属于除外责任，那保险跟没保险一样！而很多保险合同中，这条规定可能会有些模糊，不一定能展开其中的内容，因此，这条你一定要向业务人员问清楚才能签字。

保险合同，是具有法律效力的，为了你的利益能真正受到法律的保护，请务必要仔细阅读，弄懂合同中各项条款的含义！

单身时期——医疗保险做伴侣

单身时期，是事业开创和发展的阶段，很多年轻人认为自己身体健康，吃穿不愁，没必要上保险。淡薄的保险意识，为今后的生活种下了苦果。

陈小姐是家里的独生女，同父母住在一起。由于父母下岗，家里的主要经济重担都落在了她的身上。于是她更加勤奋工作，以希望能让父母生活得更安适些。可是，命运并没有因此给她过

◇ 如何合理选择健康险 ◇

健康是人类最大的财富。疾病带给人们的除了心理、生理上的压力外，还会面临越来越沉重的经济负担。有调查显示，77%的市民对健康险有需求，但是健康险包括哪些险种，又应该如何购买，不少市民对此懵懵懂懂。以下是保险专家就如何购买健康险提出的一些建议：

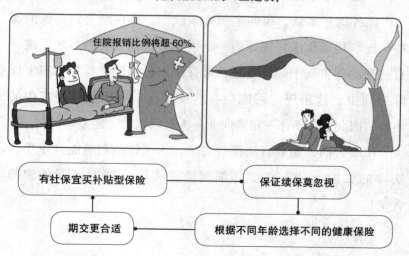

多的关照；相反，却悄悄酝酿了一场悲剧。

一天，她在办公室办公，突然觉得胃痛得厉害，结果到医院检查，是一种罕见的胃部疾病，由于她的胃已经有一小部分被感染，所以要动手术。这时她懵住了，她该去哪里筹措这笔钱？即便公司为她上了社会保险，可也只是承担一部分，剩下的她根本没办法弄到！

工薪阶层里，有的是刚步入社会，收入不高，身体健康的年轻人，没有多少人想过要为自己买一份医疗保险！本应必不可少的东西被忽略掉了，而在遇到疾病的时候，束手无策！

很多年轻人都知道保险，但是很多人没有仔细想过选择或不选择它到底意味着什么。灾难是无情的，它不会给你防卫的机会。而你最应该做的就是在风险还没到来之前，就做好未雨绸缪的准备！保险，就是为你提供防卫的最佳武器！

买保险买得越早越好，随着年龄的增长，保费也就随之增长，那你就为可能出现的意外准备得更充分。所以，保险也应当趁早，早些投保，就早日得到保护！

家庭形成期如何选择保险

苦熬了几年，你终于有了自己的家庭，此时的收入稳定了，也有了自己的孩子，有了自己的家，而这时候，你想过要给自己的家庭买保险吗？如果要买，该买哪些保险？

明志的儿子终于降生了，一家人都沉浸在喜得贵子的气氛中，一切都以孩子为中心，分配工作。这事被他的一个销售保险的朋友知道后，立刻上门拜访他，向他介绍婴幼儿保险。明志一听是为孩子买保险，全盘接受，还专门拿纸笔记了下来。后来，明志给孩子买了多种长期和短期的保险，而自己和其他人却一个都没买。虽说给孩子买保险十分有远见，可是从某种程度上讲大人更需要上保险。

　　新家庭的形成、孩子的出生，让家里的一切都变得不一样了。生活的中心也逐渐向孩子靠拢，为孩子买保险没有什么错，可是大人一个都不买就不太理性了。万一大人出了什么事情，那孩子该怎么办？孩子还需要大人的哺育，而一旦家里的经济支柱倒了，孩子有保险有什么用？

　　同时，也要看到，此时，家庭的收入一般都趋于稳定，生活水平也在逐渐提高。但相对地，由于新家庭的形成，工作和生活压力都加大，心理负担加重，身体很可能会出现些许不适应、不舒服。据调查，当今社会这个年龄段的人的身体都处于亚健康状态，连自己都没办法保障，又怎么可能给孩子一个有保证的未来？

　　在普通家庭中，男士一般是经济支柱，也是承受压力最重的群体，因此，也就最应当买保险。这时就要抛弃总是保护家庭弱者的旧观念，因为无论在何时，首先要保住家庭的支柱才是最正确的！

至于买什么保险，根据这一阶段的情况，建议投保者，为自己和家人优先考虑意外险和疾病险，以应对可能遭遇的风险，然后再考虑子女教育险、养老保险等其他险种。当然，最好能有个投保计划，规划好以后都为什么人、投什么险、都投多少，等等。建立家庭，要考虑的事情很多，所以在买保险的时候应尽量

◇ 家长必须知道的少儿保险 ◇

① 不同险种解决不同问题

第一类：　防止意外伤害

第二类：　孩子的健康

第三类：　孩子的教育储蓄

② 不同险种搭配更扎实

容易陷入的误区
- 只重小孩，不重大人
- 注重教育忽略保障
- 保障过剩
- 保障期限过长

考虑周全!

买保险就是买保障，是应对未来不可预测的各种不测的最佳方法。不要因为家庭条件不好而在这个问题上打折扣，殊不知，这也是在为你的安全系数打折扣！家庭成长期之后，很快就是退休期，也就是事业、人生都开始进入低潮阶段，这时候，有什么会比买份合适的保险更能保证你的未来生活呢?

准妈妈如何选择一份合适的保险

随着社会对女性的关注越来越多，在保险市场中也开始出现了一些"女性保险"，颇值得关注。尤其对于"准妈妈"们来说，这种保险来得正是时候。由于女性妊娠期的风险概率比正常人要高得多，保险公司对孕妇投保都有比较严格的要求。一般怀孕28周后投保，保险公司不予受理，要求延期到产后8周才能受理。怀孕28周后，原则上不受理医疗保险、重大疾病保险以及意外险，只受理不包含怀孕引起的保险事故责任的普通寿险，且在投保时须进行普通身体检查。

对于即将进入生育阶段的准妈妈来说，生育保险到底有多重要? 准妈妈们应当如何进行自己的保险规划呢?

1. 孕前投保健康险留意"观察期"

对于目前尚未怀孕而正准备做妈妈的"准妈妈"们，可提前作出保障准备。现在很多保险公司已经推出了能覆盖妊娠期疾病的女性健康险，保障女性生育期间的风险，有的以主险形式推出，有的则以附加险的形式推出。

但要提醒大家的是，投保这类保险切记要至少提前半年，这主要是因为女性健康险有一定的观察期，也就是说该类保险合同一般要在90～180天以后才能生效，甚至更长时间。如果该保险观察期是180天，那等孩子生下来才能进入合同的保险期，怀孕期间一旦发生意外和疾病，就不能获得理赔。

2. 孕后选择母婴保险

对于已怀孕的"准妈妈"们来说，怀孕后选择保险的范围比较有限，如果有保障需求，可以考虑专门为孕妇以及即将出生的小宝宝设计的母婴健康类保险。一般情况下，20～40周岁且怀孕，怀孕期未超过28周的孕妇都可以投保。和普通的健康险不同，这类保险是专门针对孕妇的，因此一旦投保即可生效，一方面对孕妇的妊娠期疾病、分娩或意外死亡进行保障，另一方面也对胎儿或新生儿的死亡、新生儿先天性疾病或者一些特定手术给予一定的保险金。

3. 买津贴型保险

津贴型保险指保险公司按住院天数每天定额给付被保险人津贴的医疗保险，与社会医疗保险的报销没有任何冲突。对于医疗保障较为全面的准妈妈而言是最好的选择。这类保险对补足社保不给报销的药费或住院期间的误工费十分有用。

怎样给家中老人买保险

曾小姐和老公都是独生子女，双方家境都属于普通工薪阶层，在老家的父母均在55岁以上，杨小姐和老公除了支付房贷等，还承担着4位老人的养老责任。虽然老人们都有一定的退休金，基本生活支出不需要他们负担，但杨小姐和老公还是想给他们买保险。然而令杨小姐困惑的是，不知道买什么险比较合适？

现在，随着我国计划生育政策的实施，很多身为独生子女的人都开始担当起养老的责任。许多人都像杨小姐一样考虑为父母买保险，一是想尽孝道，二是想解决老人"养老""重疾""意外"三个方面的问题，保障老人的晚年生活。

但是给老年人买保险划算不划算呢？应该怎样给老年人买保

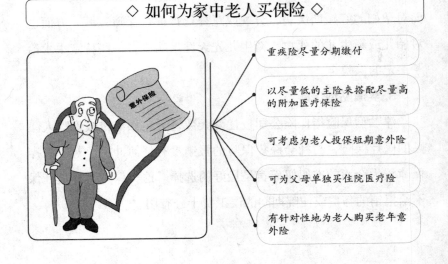

◇ 如何为家中老人买保险 ◇

- 重疾险尽量分期缴付
- 以尽量低的主险来搭配尽量高的附加医疗保险
- 可考虑为老人投保短期意外险
- 可为父母单独买住院医疗险
- 有针对性地为老人购买老年意外险

险呢？

其实，50多岁的老人买养老保险就不是很合适了，因为不少寿险产品的费率随着年龄的增大而提高，在这种情况下，老年人投保会出现保费"倒挂"的现象，即投保人缴费期满后，所缴纳的总保费之和小于被保险人能够获得的各项保障以及收益之和。

比如，一位25岁的年轻人投保一款保额10万元的重大疾病保险，分10年缴费，每年需缴纳保费5900元，总共需缴纳保费59000元。一名55岁的中老年人同样投保这款险种，分10年缴清，每年就需缴纳保费11700元，共需缴保费117000元，到第九年保费投入就超过了保额。

老年人保费高昂，是由老年人"高危"的特性所决定的——高风险必然带来高保费，但是从风险角度来讲，老年人恰恰是最需要保险的。除了保费"倒挂"现象，另一种现状是，适合老年人的险种也比较少，而且大部分寿险产品上限都在65岁，还有的险种上限是55～60岁。

现代女性如何为自己挑选一份合适的保险

现代女性在家为家事操劳，在外为事业打拼，在承受着巨大压力的同时，不要忘了关注自己的身体健康，根据需要挑选一份合适自己的女性保险，来保障自己的美丽人生。

女性保险是为女性量身定制的保险产品。传统的保险男女老少通用，但每个人的需要不同，可能一份保单很多保险责任也就一条适合投保人。女性保险就是为了避免这个问题而细分出来的。它针对一些女性特有的生理情况等，改变以往用大网网小鱼的片面性，将保险责任更大地利用，真正让女性受益。

女性保险主要有三种类型：

（1）女性重大疾病保险，如乳腺癌、子宫颈癌、子宫内膜癌等妇科疾病。

（2）女性意外险，包括爱美女士整容的保险。

（3）女性生育险，包括孕妇及新生儿的疾病、死亡的赔付。

女性保险的购买也是讲究技巧的：

1. 搭配购买更加经济有效

通常来说，女性投保疾病保险，保额选择在10万元左右是比较保守的建议。对于二三十岁的女性来说，20年"分期付款"，每年大约2000元就可以购买一份女性保险。

各大医院治疗费用统计显示，近年来，妇科疾病的治疗费用一直呈现增长态势。一般妇科癌症治疗费用为8万至20万元，系统性红斑狼疮性肾炎、严重类风湿性关节炎的治疗费用分别在5万至15万元、3万至10万元。

因此，对于预算比较宽裕的女性，还应在投保女性疾病保险之外，投保普通的重大疾病保险。将两种险种搭配购买，疾病保障范围可以更全面：以女性疾病保险应对发病率较高的妇科疾病，以普通的重大疾病保险应对心脏病、脑中风等常见的重大疾

◇ 女性保险的两大误区 ◇

现在女性的保险意识越来越强，然而众多的保险险种让人眼花缭乱。如何选择险种，选择哪种险种？下面介绍女性保险的两大误区。

误区一：投保险种单一，缺乏搭配组合

通常，女性险要比普通的重大疾病险便宜，且有一定的产品针对性，很多女性朋友误认为只要选对一种女性保险便可后顾无忧，从而忽略了对普通重大疾病的投保。

误区二：保险理财，过分重快回报高收益

很多女性朋友购买保险产品一味追求回报快及高收益，而忽视了保险最本质的保障功能。所以建议女性朋友将自己中期的经济状况作一个梳理和规划，量入为出，合理分配，避免因投资规划有误而中途退保，使自己蒙受损失。

病风险。

2. 挑选好的产品

选择女性险时要选择好的产品，有时候即使都是女性险，它们也是有很大的差别的。

因此，女性朋友在投保时一定要注意选择好的产品。在各类疾病保险中，投保女性险尤其不能只考虑投保多少保额，而应算一下针对每种疾病的有效保额，这才是理赔时能实实在在拿到的赔偿。

怎样办理理赔手续

对于保险客户来讲，最核心的问题便是保险理赔。那么，该如何来办理理赔手续呢？

1. 通知保险公司

当发生保险事故时，应立即通知保险公司或业务员，通知的方式有：电话、信函、传真、上门等。

2. 提交申请材料

在通知保险公司以后，应该将保险合同约定的证明文件交给保险公司，也可以书面委托业务员或他人代办。这些文件主要包括：

（1）保险合同。

（2）理赔申请书。

（3）被保险人身份证明和出险人身份证明。

（4）门诊病历和处方。

（5）出院小结及诊断证明。

（6）医疗费用原始收据。

（7）住院费用明细清单。

（8）延长住院申请表（条款注明住院超过15天需要申请的）。

（9）重大疾病诊断证明书。

（10）意外事故证明（如被保人驾驶机动车辆发生交通意外需提供有效驾驶证和行驶证，有交警处理的需要提供相关责任认定材料）。

（11）残疾鉴定报告（需要与理赔部联系）。

（12）授权委托书。

（13）被委托人身份证明。

（14）受益人存折复印件。

（15）受益人身份证明、户籍证明、与被保险人的关系证明。

（16）非定点医院申请。

（17）公安部门或本公司认可的医疗机构出具的被保险人死亡证明、殡殓证明、事故者户籍注销证明，如死亡医学证明书、火化证、户口注销等。

（18）与事故性质相关的证明材料：意外、工伤事故证明，医院死亡记录及相关病历资料，司法公安机关出具尸检报告书等。

3. 等待

提交申请材料之后，保险公司开始审核责任并计算赔款额。此时需要等待一段时间。

4. 领款

保险公司一旦审核完毕，会将核赔结论用书面形式通知保险

◇ 办理理赔四步骤 ◇

通知：在发生事故时第一时间通知保险公司。

提交申请材料：将保险合同约定的证明文件交给保险公司。

等待：保险公司开始审核责任并计算赔款额过程需要一段时间。

领款：保险公司一旦审核完毕，保险客户即可按程序领取保险金。

客户，保险客户带上身份证和书面通知去领取保险金即可。

这样，保险理赔手续就完成了。

投资学越简单越实用
TOUZIXUE YUEJIANDAN YUESHIYONG

第十章 以钱赚钱，天天过年 ——外汇投资

外汇交易是一种概率游戏

外汇交易是一种金融投资，因为风险巨大，所以每次交易要如履薄冰，要像作战一般做到"知己知彼，百战不殆"，对各种优劣条件作出充分估计，考虑到各种影响因素，然后制订作战计划，交易中也是如此。

由于外汇交易中涉及的情况都是非确定性的，所以概率和统计的思想在交易中占据着核心，在思维的习惯上我们必须坚持以概率思维进行交易，以统计思维进行评估。桥牌和国际象棋都是这样。

那么如何培养概率和统计思维呢？首先在交易系统的设计中要利用历史数据对系统进行检验得出各种统计特征，比如最大单笔亏损以及胜率等，只有凭借大量的统计数据得出的检验结论才

能形成优良的交易系统，接着利用新的行情数据对已经初步建立的交易系统进行外推检验，并根据统计结果对系统进行针对性的检验，然后在正式交易中利用交易日志对系统进行定期的修正和改进。另外，在非自动化交易和多系统综合分析中涉及一个概率分析，也就是说当诸多矛盾因素合成时，必须在赋予不同因素的不同权重的基础上进行交易决定，而这就涉及概率、潜在风险和报酬分析。

◇ 为什么说外汇交易是一种概率游戏 ◇

外汇交易是一种金融投资，因为风险巨大，所以每次交易要如履薄冰，要像作战一般做到"知己知彼，知天知地"。

由于交易系统的胜率存在改进的余地，导致我们存在朝着100%胜率迈进的冲动，这种冲动有两个误区：

胜率100%不是持续成功交易的决定性因素。

为什么你的胜率比我低，利润却比我高呢？

很多成功的交易员胜率不足50%，但仍然能以可观的速度积累利润，相反很多胜率很高的交易者却因为一两笔单前功尽弃，关键的原因在于，单笔最大亏损要小，平均赢利比平均亏损要大。

追求胜率会导致模型的过度优化，也就是增加太多限制条件来力图囊括所有的数据。

根据数据建立交易系统，几乎所有的数据都在交易系统中得到阐释，这个系统在这段数据上表现完美，但如果运用在其他数据段上要么发不出信号，要么错误信号太多。这就是过度优化。

防守是外汇交易的最重要前提

再怎么样强调防守的首要位置都不为过，防守是保存自己实力的唯一办法。统计表明，90%的投资者会在一年之内被市场清洗出局。因为他们缺乏防守意识，他们的主要精力集中于"将利润翻倍"，心存幻想是人类的天性，但金融市场不太喜欢这个天性。

记住，最重要而且是唯一重要的事情：只有你学会防守，市场就会在1/2的概率游戏中让你尝到甜头。下面几句话要理解清楚：没有相当把握，坚决不操作；在追逐利润前先留好退路。防守的理念已经阐述得差不多了，那么怎么具体执行呢？防守最重要的方式就是严格止损。

严格止损包括两个步骤：

第一，合理设置止损。合理地设置止损是指自己的交易错误后及时地以最小的损失退出交易，并且最大可能地减少错误。合理设置止损包括两个方面：一是找到天然位置，这固定了最小止损值，具体来说，做多时止损设立在支撑线下方，做空时止损设立在阻力线上方；二是最大止损比率，一般在8%以下，最好是5%以下，也就是止损金额是账户总额的8%～5%以下，这个则固定了最大止损值。上面两个因素确定了一个止损的客观区域，我们则根据我们的风险偏好在客观的基础上，进行主观的取舍。

◇ 外汇交易的准备工作 ◇

　　随着外汇市场的发展，聚集在市场中的财富会越来越多，炒汇者做好交易前的准备比急匆匆地交易更加重要。没有充分准备的交易往往只能带来灾难性的后果，古人云：磨刀不误砍柴功。做交易也同样如此。进行外汇交易前的准备工作至少应包括以下几个方面：

一、基本准备

　　基本准备是个初步认识和了解市场的过程，也是进行交易所必不可少的过程，它包括：学习基本交易理论；了解常用的技术工具；熟悉交易品种；掌握各交易所的交易交割规则；熟悉开户、交易流程等。

二、模拟交易

　　进行模拟交易是对你所学习的知识的一个验证。在你不具备交易能力之前，进场实地交易一定会付出巨大的代价，所以，多做几次模拟交易可以减少和缓冲这个痛苦过程。

三、小单量交易

先生，怎么就投这么一点？

我先学习看看，刚刚做。

外汇交易所

四、再次认识自我和市场

　　通过小单量交易你一定会再次重新认识自我和市场，这种重新认识是一个重要的过程，它会决定你是否应该继续交易。

　　小单量交易是对严格意义上的模拟交易的进一步考验，在这个阶段获利仍不是你追求的目标，你仍处于学习阶段。
　　小单量是视投资者的承受能力而定。

第二，严格执行止损，在下单交易时，就要定好止损的位置，并且在碰到止损位置时坚决执行。纪律是市场生存的保证因素。严格止损包括进场设立止损，另外就是根据行情的有利发展，可以将止损跟进到下一个天然位置，但是却不能根据行情的不利发展将止损改大，另外在市场没有否定你的前提前，不要提前止损，因为市场没有否定你的假设前提前，你的判断仍旧是正确的，要做到有理有据。

外汇买卖的技巧

任何事物的发展都有一定的规律，外汇市场的变化也不例外。因此，投资者可以根据外汇市场的变化规律运用一些技巧来获得收益。

1. 利上加利

利上加利即在汇市对自己有利时追加投资以获取更大利益。但投资者必须对行情判断准确，并且信心坚定。例如，当汇市朝着预测的方向发展，且已升到你预测的某个点时，本来出手即可获利，但如果你不满足于这点小小的利润，并坚信汇价还会上涨，而且也无任何表明汇价将下跌的迹象，则应加买，扩大投资额。如果行情接着高涨，那么，即使不能全胜，但大胜已是确定无疑了。同样的道理，当汇市明显下落的时候，也可以采用加利技巧，只不过需要改变交易位置罢了。

2. 自动追加

当汇市比较平稳、没有大的波动，而只在某一轴心两边小幅度摆动，即汇市处于盘局时，便可以采用自动追加技巧。具体操作是：当你已确认汇市处于盘局时，便在最高价位卖出而在最低价位买入，如此反复操作。表面上看，这种操作似乎是违背顺势而作的做法，而且每次获利不多，但因为多次反复操作，收益积少成多，总的利润是相当可观的。

◇ 投资计划：轻松外汇交易的决定因素 ◇

制订操作计划

一是制订计划的首要前提必须要明确目的，目的有"长线与短线之分、投机与投资之分"。

二是制订计划所依赖的依据一定要准确，不可猜测。在此依据有效时，应坚持计划并完善它，不要因为心态等原因改变计划。

首先你要有一个计划，并坚持它。

3. 积极求和

当入市后，发觉市势向相反方向发展，则必须冷静，认真分析所出现的情况，不可盲目交易。如果你经过认真分析后，确认市势已经见底，不久即可反弹，便可一直追买下去。这样，等到汇价反弹时，便可以逐步获利。即使汇价反弹乏力，也可以抓住机会打个平手。

4. 双管齐下

如果确认行情是上下起伏波动，呈反复状态，则可以在汇价升到高价位时追买，当汇价跌至低价位卖出，以平掉开始入市时的淡仓而套取利润，同时用再一次的高价位点入市以平掉前次的追仓获得。这样不仅没有亏损，反而有利可图，这种双管齐下的技巧（低价位时卖出而高价位时买进），实际上是以攻为守和以守为攻的技法。但运用这一技巧时必须小心，绝不可多用，因为一旦汇市趋势呈单边状况而不是反复波动，就会无法套利平仓。

巧用平均价战术

外汇买卖的一般策略中，平均价战术被很多人奉为经典，不少专业书刊、训练教材有介绍，相当一部分交易者亦以此战术来进行外汇买卖。

平均价战术的要点：当汇价于A点时，根据所搜集的资料判断行情会上升而买入，但可能基于某些因素而暂时下跌。故当汇价下跌至B点时，更应买入（因原有资料显示行情会上升），总体买入的价位就是A点与B点之间的平均价，比A点低。一旦行情涨回A点，便可反败为胜。依照这个策略，如果行情从B点继续下跌，则C点再买，再跌又在D点再买。总之，平均价越拉越低，只要市价回升至平均价以上则可获利丰厚。跌市做法亦同此理。这套战术是否确实可行呢？虽不排除有时会成功的可能，但基本上是相当危险的。首先这种做法属于逆市而行，并非顺市而行，既然在A点买入后而行情下跌，已证明了原先认为大市会升的判断是错误的。"不怕错，最怕拖"是外汇交易的首要原则。无论你信心多大，只要你手上的单子出现浮动损失，就应按事前设好的止损点迅速认赔出场。太坚持自己最初的看法，一而再、再而三地逆市投入，只会招致越来越大的损失。外汇保证金交易是信用扩张100倍以上的交易，当你在B点再买时，你要先补足在A点买入的浮动损失；跌在C点再买时，又要先补足在A点和B点买入加起来的浮动损失。这样就不是什么两套本钱、三套本钱所能应付的。有些人没有想到这一点，往往资金预算无法控制，半途就被断头。

有人说，如果拥有充裕的资金，在小幅震荡的行情中可以利用这一招平均价战术，但遇到周期性转势，这套平均价战术就变成了担沙填海，等于踏上不归之路。所以尤其对于新手来说，平均价战术真的不可乱用。

买得精不如卖得精

把握好正确的买点只是成功了一半，加上正确的平仓才是完全的成功。这是任何投机市场亘古不变的法则，外汇市场也不例外。

有些汇民朋友在外汇分析上很有一套，无论基本面、技术面都有自己的独到见解，但是他们操作业绩却往往不尽如人意。其中一个原因就是平仓的时机几乎总是错的，要么过早地平仓，没有取得随后的丰厚利润；要么就是迟迟不平仓，以至于最后行情又回到买入点起点，甚至被套牢。可见，把握好平仓的时机是非常重要的基本功。

1. 高抛法和次顶平仓法

投资者都希望能够有一种方法，一种灵丹妙药，比如技术分析中的某一指标，一旦指标达到某一数值时，就可以准确平仓。然而，遗憾的是到目前为止都没有这样的技术指标。其实，只要不过分追求精确，方法当然是有的。高抛法和次顶平仓法可以做到正确平仓，但不是精确平仓。

所谓的高抛法是指投资者在买入货币时，已经给这一货币定好了一个赢利目标价位。一旦汇价达到了这一目标，投资者就平仓。一般来说，运用这一投资策略的投资者大多数是运用货币基本面和技术面结合分析，比如黄金分割线、平均线、形态等确定出一个合理的目标价位，然后等货币达到这一目标价位后立即平仓。

次顶平仓法不是事先给自己确定一个目标价位，而是一直持仓到看汇价显示第二次有见顶迹象时才抛出。一般而言，这一平仓策略的投资者通常采用的是技术分析法来判断见顶迹象，主要是从汇价走势的形态和趋势来判断。具体来说，是通过双顶、头肩顶、三重顶判断中期头部确立，果断平仓。

2. 两法结合效果更好

无论是高抛法还是次顶平仓法，都可以取得相当好的投资效果。世界上许多成功的投资者与基金经理，都是运用其中的一种方法。不过无论是采用哪一种方法，都各有其不足之处。对于运用"高抛法"的投资者来说，必须首先掌握一套对货币所在国经济基本面进行分析的方法，投资者所设定的目标位肯定要高于其当前的市场价。所以说，除非你在外汇市场上确实有自己的独到之处，否则设立目标价位可能是比较危险的。

而对于运用次顶平仓法的投资者，则主要是根据汇价走势来判断，并不事先给自己确定一个目标价位。当然不足之处也是显而易见的，这要求投资者必须投入较多的时间和精力盯盘。这就是为什么部分人孜孜不倦地钻研什么是"真顶"、什么是"假顶"，以免受骗上当。

将两种方法结合起来使用效果会更好一些，这样平仓比较理性。当汇价到达买入之初设定的目标价位时，就应该立即平仓。

投资学越简单越实用
TOUZIXUE YUEJIANDAN YUESHIYONG

因为投资者在定目标价位时，总有自己的理由，而开始设定的目标价位，一般还能比较理智。当汇价不断上涨，多数人的脑子开始发热。为了避免犯错，最好还是及时平仓。投资者平仓后可能汇价还会上涨，这只能说是投资者判断失误，而不是由于投资者头脑发热的缘故。如果行情真的还有继续上涨的空间就应该有勇气再次买入，不过这是又一笔新的操作，重新理智地设定目标位，而不要受前一笔单子的影响。

拉响红色警报，熟悉外汇风险

一天，莫小姐在一家银行里看到一款外汇理财产品。她本不想买，可是一方面心里有试试新的理财方式的冲动，另一方面发现当时的外币利息很低，而这家银行的理财产品利率达2%。她认为尝试一下未尝不可。

但是她忽略了观察外汇信息，没有想到外汇有年限的问题，而这段时间里，可能就有所波动。当时，她还认为这样的决定很明智，毫不犹豫地购买了几千元这种产品。

过了一段时间，她有一笔外汇储蓄到期了，这回她选择了一款收益要大于三年期的，而期限只有一年的理财产品。后来，随着美元利率的不断攀升，外汇理财产品的收益逐渐攀高。当一年期美元利率快超过她的三年期外汇理财产品时，她觉得自己是那么没有远见！

从此，她总结出一点经验，那就是在投资外币时，一定要关注外汇利率的变动，要有超前意识，最好不选择期限过长的理财产品。

◇ 外汇投资中的几类主要风险 ◇

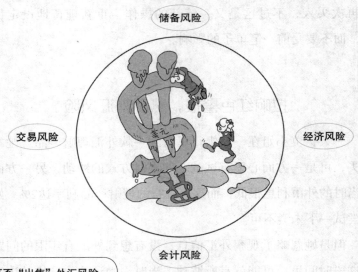

储备风险

交易风险　　　　　　　　　　　经济风险

会计风险

可否"出售"外汇风险

如果说"藏汇于民"是将汇率风险转嫁给国内民众或投资者的话，那么外汇资产的证券化及其衍生品，就可以说是将汇率风险转嫁给国外民众和投资者。如果中国将部分储备资产证券化，或者仅将部分外汇储备的贬值风险加以定价出售，就等于建立了一个以中国部分储备资产为原生品的衍生品市场，这不仅可以达到风险转嫁的目的，这一产品的价格还相当于一个判断中国储备资产外汇风险高低的参考标准。

风险，并没有因为外汇市场具有公开、透明、不为人所控制等优点所屏蔽，你仍能清楚地在外汇市场上感受到它的存在。所以，在此不得不再次拉响你头脑中的红色警报。

不要在赔钱时加码

在形势好的时候，加码可能将利润放大，而在形势不好的时候，加码则容易促成亏损的加重，那投资者为什么会选择在亏损的时候加码呢？原因很简单，有些投资者眼看赔钱，便想在汇价下跌的过程中趁低买入一笔，企图拉低前一笔的汇价，并在其反弹之时一起平仓，弥补亏损。这种操作思维其实也无可厚非，但问题是如果汇价总不回头的话，等待你的无疑就是恶性的亏损了。在这样的情况下，万一你账户里的资金不够充足的话，爆仓也就不足为怪了。

以欧元/日元的操作为例，某投资者于某年2月26日，在160.05价位买入了一手欧元/日元，之后汇价也不负众望，不断地向高点攀升。不过，连日来的上冲让欧元筋疲力尽，终于在2月27日当汇价抵达161.37的高点时来了个急转身，大幅下挫至161的下方。虽然事已至此，但由于对汇价的反弹仍抱有一定的希望，该投资者并没有急于平仓出场，相反地，他还在2月29日汇价下破160的时候加仓——又买入了0.5手的欧元/美元，企图在其相对底部获得机会。可"天下事不如意十之八九"，汇价不仅没有

"回头"的意思，还接连破了159、158。这时，投资者只能看着那离买入价越来越远的汇价黯然神伤，并且追悔莫及。只是一切都已成为事实，唯一的挽救方法就是斩仓，以免在资金不足的情况下让爆仓来解决一切问题。

当然其中不乏幸运者，现实生活中也有在亏损的时候加码而最终赢利的例子，但不可否认的是，他们所承受的压力也会随之加大。所以，投资者在外汇保证金交易中若是碰上这样的问题，尽量不要在赔钱的时候加码，以免得不偿失。

◇ 如何解决初涉汇市投资者的疑难问题 ◇

首先，当产生入场冲动的时候，先问问自己有入场的理由吗？有交易计划吗？如果答案是肯定的，那么严格地按计划执行。如果计划与现实一致，这是市场对你努力的奖励；如果计划无法完成，也不要后悔，找出失败的原因，避免重蹈覆辙。

其次，注意保住自己的本金。对新手而言，下单前不管你有多大的把握，请将你的委托单减半！因为你不可能只凭运气在市场中生存下去，此时你最需要的是总结经验，而不是将自己暴露在太大的风险之下。

最后，在连续出错的时候，应该离开市场好好休息一下。如果你连续出现亏损，请关上电脑，不要再关注价格变化，给自己放个假，等情绪稳定的时候再入市。

投资学越简单越实用
TOUZIXUE YUEJIANDAN YUESHIYONG

切勿"亏生侥幸心，赢生贪婪心"

外汇市场价位波动基本可分为上升趋势、下跌趋势和盘档趋势，不可逆势做单，如果逆势单被套牢，切不可追加做单以图扯低平均价位。大势虽终有尽时，但不可臆测市价的顶或底而死守某一价位，市价的顶部、底部，要由市场自己形成，而一旦转势形成，是最大的赢利机会，要果断跟进……这些顺利做单的道理，许多散户投资者都知道，可是在实际操作中，他们却屡屡逆市做单，一张单被套几百点乃至一两千点，亦不鲜见，原因何在呢？一个重要的原因是散户由于资本有限，进单后不论亏、盈，都因金钱上的患得患失而扰乱心智，失去了遵循技术分析和交易规则的能力。

散户大群在做错单时常喜欢锁单，即用一张新的买单或卖单把原来的亏损单锁住。这种操作方法是中国香港、台湾地区的一些金融公司发明的，它使投资者在接受损失时心理容易保持平衡，因为投资者可期待价位走到头时打开单子。

实际上，散户投资人在锁单后，重新考虑做单时，往往本能地将有利润的单子平仓，留下亏损的单子，而不是考虑市场大势。在大多数情况下，价格会继续朝投资者亏损的方向走下去，于是再锁上，再打开，不知不觉间，锁单的价位便几百点几百点地扩大了。

解锁单，无意中便成了一次次的做逆势单。偶尔抓准了

投资理财，稍不注意就会掉入隐藏的陷阱

避免陷阱，按时"体检"财务状况

★ 资产盘点。对一年以来的资产负债归类、总结和分析，对家庭的现金流向有足够清晰的了解和通盘把握，检查家庭理财方式的习惯和误区，评估家庭资产的整体状况。

★ 审视理财方案。结合市场环境、个人目标和风险承受能力、职业生涯的变化等因素进行理财工具的选择和淘汰。

一二百点的反弹，也常因亏损单的价位太远而不肯砍单，结果损失还是越来越大。

　　大概每个投资者都知道迅速砍亏损单的重要性，新手输钱都是输在漂单上，老手输钱也都是输在漂单上，漂单是所有错误中最致命的错误。可是，大量的散户还是一而再、再而三地重复这一错误，原因何在呢？原因在于散户们常常凭感觉下单，而"大户"则常常按计划做单。

　　散户盲目下单导致亏损，垂头丧气，紧张万分之余，明知大势已去，还是存侥幸心理，优柔寡断，不断地放宽止蚀盘价位，或根本没有止蚀盘的概念和计划，总期待市价能在下一个阻力点彻底反转过来，结果亏一次即足以大伤元气。

和这种亏损生侥幸心相对应的散户心理，是赢利生贪婪心。下买单之后，价位还在涨，何必出单？价位开始掉了，要看一看，等单子转盈为亏，更不甘心出单，到被迫砍头出场时，已损失惨重。

许多人往往有这种经验：亏钱的单子一拖再拖，已亏损几百点，侥幸回到只亏二三十点时，指望打平佣金再出场，侥幸能打平佣金时，又指望赚几十点再出场……贪的结果往往是，市价仿佛有眼睛似的，总是在离你想出单的价位只有一点点时掉头而去，而且一去不回。

亏过几次后，便会对市场心生畏惧，偶尔抓准了大势，价位进得也不错，但套了十点八点便紧张起来，好容易打平佣金赚10点20点后，便仓皇平仓。

亏钱的时候不肯向市场屈服，硬着头皮顶，赚钱的时候像偷钱一样不敢放胆去赢，如此下去，本钱亏光自然不足为奇。

第十一章 "空手套白狼"的赚钱经
——期货投资

揭开期货的神秘面纱——基础知识

期货（Futures），通常指期货合约。是由期货交易所统一制定的、规定在将来某一特定的时间和地点交割一定数量标的物的标准化合约。这个标的物，可以是某种商品，也可以是某个金融工具，还可以是某个金融指标。

期货合约的买方，如果将合约持有到期，那么他有义务买入期货合约对应的标的物；而期货合约的卖方，如果将合约持有到期，那么他有义务卖出期货合约对应的标的物，期货合约的交易者还可以选择在合约到期前进行反向买卖来冲销这种义务。广义的期货概念还包括了交易所交易的期权合约。大多数期货交易所会同时上市期货与期权品种。

1. 期货合约种类

（1）商品期货。

商品期货是指标的物为实物商品的期货合约。商品期货历史悠久，种类繁多，主要包括农副产品、金属产品、能源产品等几大类：

a.农产品期货：1848年CBOT（美国芝加哥商品交易所）诞生后最先出现的期货品种。

主要包括小麦、大豆、玉米等谷物；棉花、咖啡、可可等经济作物和木材、天然胶等产品。

b.金属期货：最早出现的是伦敦金属交易所（LME）的铜，目前已发展成以铜、铝、铅、锌、镍为代表的有色金属和黄金、白银等贵金属两类。

c.能源期货：20世纪70年代发生的石油危机直接导致了石油等能源期货的产生。目前，市场上主要的能源品种有原油、汽油、取暖油、丙烷等。

（2）金融期货。

金融期货是指交易双方在金融市场上，以约定的时间和价格，买卖某种金融工具的具有约束力的标准化合约。主要包括：

a.外汇期货：20世纪70年代布雷顿森林体系解体后，浮动汇率制引发的外汇市场剧烈波动促使人们寻找规避风险的工具。1972年5月芝加哥商业交易所率先推出外汇期货合约。

目前，在国际外汇市场上，交易量最大的货币有六种，即美

◇ 期货交易运作机制的特点 ◇

期货交易要在法定的场所——期货交易所内进行。

我已经卖出了收获时到期的合同。

期货所交易的不是现在的商品而是在未来某个时间交付的商品。

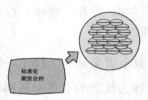

标准化期货合约

期货交易的对象是代表了规定质量和规定数量的商品的标准化合约。

价位优先
时间优先

期货交易所交易系统

期货交易采用集中竞价交易制度，以使产生的价格具有广泛的代表性。

期货交易具有做空机制，即你可以在还没拥有某一商品的时候就进行卖出。

卖出开仓
持有空头

买进平仓
对冲空头

在期货交易中，可以利用合约的对冲机制，而不必考虑收购、运输、存贮等琐碎的环节。

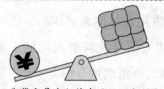

¥

期货交易实行特有的保证金制度，只需要有 1/10 甚至 1/20 的资金就可以交易相当于商品总值的合约。

随时兑现
安全方便

期货交易通过每日结算制度进行风险控制，这不仅可以有效地保证资金安全，而且可以随时兑现自己的投资。

元、日元、英镑、瑞士法郎、加拿大元和法国法郎。

b.利率期货：1975年10月芝加哥期货交易所上市国民抵押协会债券期货合约。

利率期货目前主要有两类——短期利率期货合约和长期利率期货合约，其中后者的交易量更大。

c.股指期货：随着证券市场的起落，投资者迫切需要一种能规避风险、实现保值的工具，在此背景下，1982年2月24日，美国堪萨斯期货交易所推出价值线综合指数期货。

2. 期货合约的组成要素

（1）交易品种。

（2）交易数量和单位。

（3）最小变动价位，报价须是最小变动价位的整倍数。

（4）每日价格最大波动限制，即涨跌停板。当市场价格涨到最大涨幅时，我们称"涨停板"；反之，称"跌停板"。

（5）合约月份。

（6）交易时间。

（7）最后交易日。

（8）交割时间。

（9）交割的标准和等级。

（10）交割地点。

（11）保证金。

（12）交易的手续费。

做一个成功的期货投资者

1. 成功的期货投资者的必备素质：

（1）正确的投资理念——顺势与止损；

（2）稳定有效的交易方法；

（3）良好的交易习惯。

以上三种素质的获得需要经过长期刻苦的学习。

2. 成功的期货投资者的特点：

期货是与普通投资不同的风险交易领域，因此这个市场上的成功者也必然具备与其他行业成功人士不同的特点：

（1）成功的期货投资者通常受过良好的教育，但是学历与赢利不成正比例；

（2）遇到重大挫折而不气馁；

（3）不贪婪；

（4）热爱投资事业；

（5）性格坚强且爱独立思考。

反之，喜欢合群扎堆、遇事没有主见的人，做错交易喜欢推卸责任的人，看重面子的人，太想赚钱的人，怕孤独的人都不大可能在期货投资上成功。

从交易方法上看，成功的期货投资者有两种类型：

第一种是拥有自己设计的经过长时间模拟和实战考验的交易和风险控制系统的投资者。他们拥有自己的交易系统，并且能把握系统的成功率和死穴，赚钱时是意料中的事，亏钱时认识到这是系统中的死穴，在20%的失败概率下该亏钱的就亏，没有太大压力，因为其知道自己设计的系统每次发出的信号有80%的成功率。

第二种就是"半桶水"的期货投资者。"半桶水"是指自知自己的水平有限，不可能像第一种成功的期货投资者建立自己的交易系统，却敢于根据别人验证过的、成功的交易系统，一丝不苟、前后一致地跟着做，像简单得不能再简单的"格兰威尔移动平均线八大法则"，因此能保证相当的成功率。

期货市场风险主要包括哪些

期货市场风险主要包括市场环境方面的风险、市场交易主体方面的风险、市场监管方面的风险。

1. 市场环境方面的风险

股票指数期货推出后将引起证券市场环境的变化，而带来各种不确定性。主要来自以下几个方面：

（1）市场过度投机的风险。

股指期货推出的初衷是适应风险管理的需要，以期在一定程度上抑制市场的过度投机，但在短期内难以改变交易者的投机心理和行为，指数期货对交易者的吸引力主要来源于其损益的放大效应，在一定程度上，指数期货工具的引进相当于又引进了一种投机性更强的工具，因此有可能进一步增加证券市场的投机气氛。

（2）市场效率方面的风险。

市场效率理论认为，如果市场价格完全反映了所有当前可得的信息，那么这个市场就是高效的强势市场；如果少数人比广大投资者拥有更多信息或更早得到信息并以此获取暴利，那么这个市场就是低效的弱势市场。

（3）交易转移的风险。

股指期货因为具有交易成本低、杠杆倍数高的特点，会吸引一部分纯粹投机者或偏爱高风险的投资者由证券现货市场转向股指期货市场，甚至产生交易转移现象。市场的资金供应量是一定的，股指期货推出的初期，对存量资金的分流可能冲击股票现货市场的交易。国外也有这样的例子。如日本在1998年推出股指期货后，指数期货市场的成交额远远超过现货市场，最高时达到现货市场的10倍，而现货市场的交易则日益清淡。

（4）流动性风险。

如果由于期货合约设计不当，致使交投不活，就会造成有行无市的窘境。撇开其他因素，合约价值的高低，是直接影响指数期货市场流动性的关键因素。一般而言，合约价值越高，流动性就越差。若合约价值过高，超过了市场大部分参与者的投资能力，就会把众多参与者排除在市场之外；若合约价值过低，又势必加大保值成本，影响投资者利用股指期货避险的积极性。因

◇ 导致期货风险的内部因素 ◇

1. 交易主体不健全

在我国，从投资者结构上来看，呈现出典型的散户型特点。这样易造成机构投资者操作市场的情况，另外其自身的投资风险意识和在两个市场上的投机性心理也增加了期货运作中的风险。

在这里可得小心。

反正没有人监管我。

2. 期货交易者的内部控制缺陷导致的风险

（1）从业人员的专业技能差。
（2）内部约束机制不完善，部门之间没有形成严格的监控关系。
（3）对员工的职业道德教育不够。

此，合约价值的高低将影响其流动性。

2. 市场交易主体方面的风险

在实际操作中，股票指数期货按交易性质分为三大类：一是套期保值交易；二是套利交易；三是投机交易。相应地，有三种交易主体：套期保值者（Hedger）、套利者（Arbitrageur）和投机者（Speculator）。而参与交易的投资者包括证券发行商、基金管理公司、保险公司以及中小散户投资者，投资者因参与不同性质的交易而不断地进行角色转换。虽然股票指数期货最原始的推动力在于套期保值交易，但利用股票指数进行投机与套利交易是股票指数期货迅速发展的一个重要原因。

（1）套期保值者面临的风险。

参与股票指数期货交易的，相当数量是希望利用股指期货进行套期保值以规避风险的投资者。虽然开设股指期货是为了向广大投资者提供正常的风险规避渠道和灵活的操作工具，但套期保值交易成功是有前提条件的，即投资者所持有的股票现货与股票指数的结构一致，或具有较强的相关关系。在实际操作中再高明的投资者也不可能完全做到这点，尤其是中小散户投资者。如果投资者对期货市场缺乏足够的了解，套期保值就有可能失败。

（2）套利者面临的风险。

套利是跨期现两市的。根据股指期货的定价原理，其价格是由无风险收益率和股票红利决定的。从理论上讲，如果套利者欲保值的股票结构与期货指数存在较强的相关关系，则套利几乎是无风险的。但获取这种无风险的收益是有前提的，即套利者对理论期货价格的估计正确。如果估计错误，套利就有风险。由于我国利率没有市场化，公司分红派息率不确定，并且股票价格的变动在很大程度上也不是由股票的内在价值决定的，种种原因使得套利在技术上存在风险。

（3）投机者面临的风险。

投机者面临前面所讲的三大风险："杠杆作用""价格涨跌

不具确定性""交易者自身因素"。简单地说，就是投机者是处在一个不具确定性的市场中，任何风险在杠杆作用下都将会放大几十倍，包括自身的一些因素。

投机交易在股指期货交易成交量中往往占很大比重，中国香港期货市场1999年市场调查表明，以投机盈利为主的交易占了整个市场交易的74%（避险占17.5%，套利占8.5%）。在期货市场中，参与交易的资金流动快，期货市场的价格波动一般比别的市场更为剧烈。

3. 市场监管方面的风险

对股指期货的监管依据不足，带来股指期货的交易规则上变数较大，游戏规则的不确定性将蕴藏着巨大的风险。虽然这种风险不会时常出现，但在出现问题时，不可避免地用行政命令的方式干预市场。

证券、期货市场是由上市公司、证券经营机构、投资者及其他市场参与者组成，由证券、期货交易所的有效组织而得以正常进行。在这一系列环节中，都应具有相应的法律规范。

期货市场风险有哪些特征

中国期货市场风险具有以下几方面的特征：

1. 风险存在的客观性

期货市场风险的存在具有客观性。这种客观性一方面体现了市场风险的共性，即在任何市场中，都存在由于不确定性因素而导致损失的可能。随着交易方式、交易内容日益复杂，这种不确定性因素带来的市场风险也越来越大。

另一方面，期货市场风险的客观性也来自期货交易内在机制的特殊性，期货交易具有杠杆放大效应等特点，也会带来一定的风险。

此外，期货市场风险的客观性还来自股票市场本身的风险。股指期货市场之所以产生，是出自规避股票市场风险的需要，影响股票市场的各种因素也会导致股指期货市场的波动。为了规避股票市场的风险，股票市场投资者通过股指期货市场将风险对冲，期货市场便成为风险转移的场所。

2. 风险因素的放大性

股指期货市场的风险与股票现货市场的风险相比，具有放大性的特征，主要有以下两方面原因：

其一，期货交易实行保证金交易，具有"杠杆效应"，它在放大收益的同时也放大了风险。

其二，期货交易具有远期性，未来不确定因素多，引发价格波动的因素既包括股票市场因素，也包括股指期货市场因素。

3. 风险的可控性

尽管期货市场风险较大，但却是可以控制的。

从整个市场来看，期货市场风险的产生与发展存在自身的运行规律，可以根据历史资料、统计数据对期货市场变化的过程进行预测，掌握其征兆和可能产生的后果，并完善风险监管制度，采取有效措施，对期货市场风险进行控制，达到规避、分散、降低风险的目的。

对于单个投资者来说，期货市场风险主要来自期货价格的不利变化，这也是期货交易中最常见、最需要重视的风险。除此之外，对于初次进行股指期货交易的新手投资者，还可能因为对期货市场制度和规则了解不够而带来风险。投资者可通过认真学习相关规则避免此类风险。

期货市场采取的"T+0"交易方式，为投资者及时止损化解风险提供了条件。在期货市场上，尽管由于保证金交易制度使得投资者的收益和风险有所放大，但实际上，只要投资者根据自身特点制订交易计划，遵守交易纪律，期货交易的风险是可以控制的。

股指期货市场风险有哪些特征

投资大师巴菲特说："第一是安全；第二还是安全；第三是牢记前两条。"作为散户假如要投资股指期货，就应充分了解股指期货有哪些风险。

首先，股指期货有三大风险：

1. 基差风险

基差，是指股指期货当时的现货价格与股指期交割日的期货价格之差，可分为买入基差和卖出基差，与买期保值和卖期保值互为反方向，买入期货的同时卖出现货称为买期保值，它们之间的价差称为卖出基差。现货价格与期货价格走势大体是相同的，这是套期保值得以实现的前提，但走势相同不等于价格变动幅度相同。在实际操作中，由于基差变化不一致，使操作结果不是稍有盈余就是小有损失，为避免基差变化带来的损失，可按一定基差买卖现货进行保值，基差风险是股指期货相对于其他金融衍生产品（期权、掉期等）的特殊风险。从本质上看，基差反映了货币的时间价值，一般应维持一定区间内的正值（远期价格大于即期价格）。但在巨大的市场波动中，有可能出现基差倒挂甚至长时间倒挂的异常现象。基差的异常变动，表明股指期货交易中的价格信息已完全扭曲，这将产生巨大的交易性风险。

2. 标的物风险

股指期货交易中，标的物设计的特殊性，是其特定风险无法完全锁定的原因。股指期货由于标的物的特殊性，使现货和期货合约数量上的一致仅具有理论上的意义，而不具有现实可操作性。因为，股票指数设计中的综合性，以及设计中权重因素的考虑，使得在股票现货组合中，当股票品种和权重数完全与指数一致时，才能真正做到完全锁定风险，而这在实际操作中的可行性几乎为零。

3. 交割制度风险

股指期货采用现金交割的方式完成清算，相对于其他结合实

◇ 散户如何投资股指期货 ◇

散户如果有良好的投资技巧和投资心理，也一样可以投资股指期货。

1. 日常交易中，投资者可以通过中国期货保证金监控中心的系统查收结算账单、检查账户内资金等情况。

2. 随着股指期货的推出，实质性股指期货概念公司的业绩肯定会大幅提高。逢低介入这类股票，投资者可望分享因股指期货交易带来的收益。

3. 把沪深 300 样本股作为重点投资对象，并注重波段投资。由于存在做空机制，一味持股并不足取，注重波段操作或许可以取得更好的收益。

4. 投资者一定要树立止损的观念，有些高位套牢的股票很难获得解套机会，投资者不妨及早割肉，以免损失扩大。

物交割进行清算的金融衍生产品而言，存在更大的交割风险。如在股指期货交易中，百分之百的现金交割，而不可能以对应股票完成清算，假如没有足够的保证金，就有可能爆仓。

其次，防范股指期货的风险，应做到以下几点：

（1）熟悉期货交易规则、期货交易软件的使用，以及期货市场的基本制度，控制由于对交易的无知而产生的风险，特别是对习惯做多股票交易者而言，要学会做空。

（2）仓位和止损控制，由于每日结算制度的短期资金压力，投资者要学会抛弃股票市场满仓交易的操作习惯，控制好保证金的占比，防止因保证金不足被强行平仓的风险。不可抱侥幸心理硬扛或在贪婪心理的驱使下，凭自我感觉逆趋势加仓。

（3）合约到期的风险控制，由于股指期货存在到期日，投资者不仅要把握股指期货合约到期日向现货价格回归的特点，另外，还要注意合约到期时的交割问题。

股指期货交易的风险和收益是成正比的，期货的风险不可小觑，有的投资者认为它是新生事物，必然会逢新必炒；也有人认为股指期货和股票一样，万一套牢"死了都不卖"，总有机会"解套"，那就真的只有等死了。有的人更弄不清股指期货以股票指数为标的物的期货合约，不涉及股票本身的交割，其价格根据股票指数计算，合约以保证金交易，以现金清算形式进行交割。它的特点是高回报、高风险，既可能一夜暴富，也可能一夜归零。

股指期货交易关键在于要掌握好风险控制的方法和原则，克服赌博心理，坚持纪律，才能在股指期货交易中游刃有余。

散户如何才能做好自身的风险管理

只要是投资都是有风险的。就像是教育投资，比如让孩子读大学，而不去上大专、技校等，花费了时间和金钱，但是也会遇到高学历人才供过于求，而技术工人高价难请的情况。我们很难做到把风险完全看透并且控制住，但是可以利用各种方式把大的风险杀死。比如在孩子上大学的时候，给他选择好的专业，并且在大学期间让他多参加实践活动。

在期货交易中出现的风险大体有以下三种方式被控制住：

1. 交易所制度帮助投资者控制风险

例如，2008年上半年期货中的典型代表——豆油主力0809合约，从2008年1月24日9890元/吨连续上涨一个多月，价格涨至最高14630元/吨，紧接着从3月4日开始连续下跌（当中多次跌停）至前几日最低10360元/吨。在豆油行情如此剧烈的情况下，大连商品期货交易所采取了扩大涨跌停幅度和提高保证金比例等一系列的风险控制措施来化解市场风险，其做法有利于使动荡的期货市场价格回归理性。

2. 资金管理风险控制

对于个人投资者甚至套期保值的机构投资者来说，资金管理非常重要。一方面，由于期货市场是以小博大、杠杆比例放大的市场，如果满仓操作，相当于购买了5~10倍的物品价值，其涨跌幅度直接对可用保证金产生巨大影响；如果期货价格有小波

◇ 投资者避免风险成功交易的三要素 ◇

　　很多人认为股指期货不适合中小投资者，提醒投资者要远离股指期货。那么散户真的不能投资吗？其实，散户如果有良好的投资技巧和投资心理，也一样可以投资股指期货。

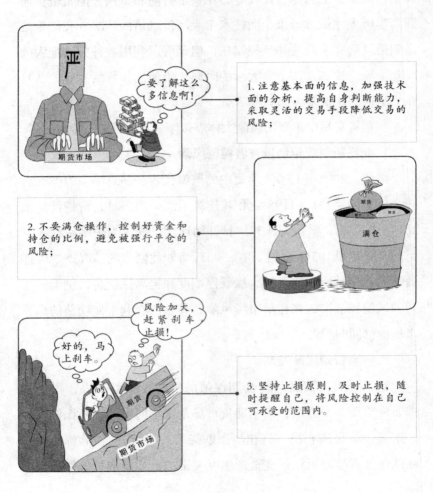

要了解这么多信息啊！

1. 注意基本面的信息，加强技术面的分析，提高自身判断能力，采取灵活的交易手段降低交易的风险；

2. 不要满仓操作，控制好资金和持仓的比例，避免被强行平仓的风险；

风险加大，赶紧刹车止损！

好的，马上刹车。

3. 坚持止损原则，及时止损，随时提醒自己，将风险控制在自己可承受的范围内。

投资学越简单越实用
TOUZIXUE YUEJIANDAN YUESHIYONG

动，可用资金不足会导致投资者看对了方向却被强行平仓出局。建议投资者在资金比例上使用一半左右的资金操作，控制可能发生的单边市场风险。另一方面，套期保值的期货头寸比例设计也不能太大，近期一位拥有现货的机构投资者在某期货品种上投入保证金100万元，结果80万元用于做套期保值，最终由于行情单边下跌速度太快，该品种套期保值头寸在持续补保证金的情况下因资金不足而被强行平仓。

3. 止盈止损的风险控制

不少投资者在进行期货交易的过程中常常开仓价格点位不错，但由于贪心导致了利润高位没有变现，行情走完反而出现亏损。

第十二章 小收藏 PK 大财富
——收藏品投资

邮票投资——方寸之间天地宽

邮票俗称"小市民的股票"。早在20世纪40年代，邮票便成为欧美等国家普遍受欢迎的投资对象。自20世纪80年代以来，邮票在股票之前就已成为我国个人投资的热门货。

邮票的种类主要有以下几种：

1. 新票、盖销票、信销票

在我国的邮票市场上，新票价格最高，盖销票次之，信销票最低。在国外的邮票市场中，人们比较重视信销票，最看不上盖销票。人们传统的邮票投资观念认为只有收集信销票才是真正集邮，认为购买新邮票不算集邮。信销票的特点是难以收集，但是它作为邮资凭证使用过，有一定的邮政史料价值。

2. 成套票和散票

成套邮票价格都高于散票，但是散票同样具有一定的市场价值。人们可以利用散票价格比成套票低的这一特点，收集和购买散票，以便凑成套票，从而使其价值升值。

3. 单票、方连票、整版票（全张票）

一些人在邮票投资中持有一种错误的观点即收集方连票，甚至整版票，认为它们相对市场价格会高一些。从邮票投资上来讲，收集方连票，整版票实无必要，因为投资要比收集单枚票贵几倍至几十倍。如果是中、低档邮票，方连票、整版票很多，比起单票来说，也就没有更高的价值了。

4. 单枚套票、多枚套票、大套票

单枚套票是指1枚1套的邮票。多枚套票是指2～6枚1套的邮票。大套票是指7枚以上1套的邮票。

◇ 纪念邮票的特点 ◇

作为纪念邮票，以人物或以事件为标志，每一张邮票都包含一定意义。

"J"字头纪念邮票设计制作时使用的颜色比较鲜艳，其中使用金粉较多。

一般具有较浓的政治色彩，有一定的教育启发作用，受国家、地区限制，世界意义较小。

5. 早发行的邮票和晚发行的邮票

邮票发行年代的早晚，在较短的时间内对邮票价格影响较大，往往发行得早的邮票价格高，发行得晚的邮票价格低。但是经过5年、10年，特别是过了20年以后，邮票发行年代的早晚对价格的影响已经微乎其微，甚至完全不起作用。

6. 纪念邮票与特种邮票

在众多的邮票当中，有些邮票因设计上的错误或发行量很少等原因，被人们视为极珍贵的邮票。这些邮票在历次拍卖和市场中价格一再上涨，成为集邮家争相搜集的对象。如1990年5月26日，中国香港旭力集邮公司在第26次通信拍卖中，1枚蓝色的"军人贴用"新票上有约1厘米的撕裂，底价15万港元。

钱币投资——成为"有钱人家"

钱币有很多种类。以形态来分，可分为纸币和金属币两大类，金属币又可分为贵金属币和普通金属币；以国别来分，可分为中国钱币和外国钱币；从时间上来分，可分为古代钱币、近代钱币和现代钱币。

古今中外发行过的钱币有数百万种之多，钱币收藏者只能量力而行，分类收藏。收藏专家认为，钱币收藏要注意"看"以下七个方面：

（1）钱币是否有面值。没有面值的只能称为"章"，而不能称为"币"。币，必须是可以或者曾经作为货币流通。

（2）钱币涉及的题材。钱币所涉及的题材多为历史人物、历史事件、文化艺术、体育、动物、植物、自然景物等。由于每个人的学识情趣、文化品位不同，对题材的偏好各异，因此，收藏者可以选择自己所喜爱的题材进行系列收藏。

（3）钱币的纪年版别。钱币上的纪年是指铸造在钱币上的年份。相同图案、面值的钱币，纪年不同，其价值差异颇大。

（4）钱币的出处。比如说银元分为云南龙版、北洋龙版、江南龙版、贵州竹版等。

（5）钱币齿边形状。钱币的齿边形状大致可以分为平光

◇ 投资古钱币应该掌握的诀窍 ◇

中国的古钱币有着长达 3000 多年的悠久历史，各种各样的古钱币中包含着极高的考古学价值和收藏价值。但是，古钱币投资与其他形式的投资一样，也存在着极大的风险。

1. 选准某一时期，把握好一点。

2. 详细了解有关币种的价格情况。

3. 密切关注古钱币出土情况。

4. 古钱币因形制简单，从近代开始就有人专门造假，古钱币的收藏投资者必须具备一定的识别能力。

5. 初涉古钱币的收藏者可以先从银元做起。

边、丝齿边、装饰边、铭文边和安全边五大类，是区分铸币不同版别的一个重要依据。

（6）钱币的制作工艺、钱币上的字迹是否自然流畅，与整个钱币是否和谐。做工精美的品种，容易引起市场好感，具有较大的增值潜力。

（7）钱币的成色。钱币的品相是按"成"来划分的，其实，只要是有七八成新的就可以收藏，如果是珍稀品种，成色差一点也行。当然，十成新的最好，这就表明钱币没有任何脏污斑点，没有任何破损、裂缝，而且重要的是没有经过人工处理。

总之，对钱币鉴别时需要在"看"上下功夫，钱币收藏者往往需要随身携带放大镜。

古玩投资——在玩赏中获取财富

有的人曾经很形象地把投资古玩形容为"玩并赚着的投资方式"，确实如此，古玩投资不仅满足了投资者的个人爱好，还能给其带来丰厚的利润回报，岂不是一举两得的事情，何乐而不为呢？

1. 玉石翡翠的收藏

在我国历史上遗留下来的玉石翡翠珍品数量非常有限，但普通的古玉石翡翠种类繁多，价格差别很大，加上作伪者多，识

◇ 如何识别真伪青铜器 ◇

如果投资者想通过青铜器投资来实现致富的目标，就应该先学会识别真伪青铜器的窍门：

看器物造型、纹饰和铭文有无破绽，锈色是否晶莹自然。

眼看

手摸

凡是浮锈用手一摸便知，赝品器体较重，用手一掂就知真假。

出土的新坑青铜器，有一种略有潮气的土香味；赝品则经常有刺鼻的腥味，舌舐时有一种咸味。

鼻闻

耳听

用手弹击，有细微清脆声；凡是声音浑浊者，多是赝品或残器。

别和辨伪的难度相当大，所以玉石翡翠自古以来，非普通人所能及，都是作为皇亲国戚、富商大贾的掌中玩物被收藏的。

现代社会随着人们生活水平的不断提高，老百姓手里有了闲余资金，玉石翡翠这些收藏品也逐渐为普通百姓所拥有，并作为投资对象。因此，对于想涉足玉石翡翠收藏的投资者来说，掌握一点玉石翡翠的鉴别与辨别真伪的基本知识是非常必要的。

由于玉石翡翠具有十分繁多的种类和形式，且有大量的伪作，因此投资者一定要多读有关资料，掌握相关的知识。

2. 青铜器的收藏

青铜是红铜与锡和铅的合金，因是青灰色，所以叫青铜。青铜器主要是指先秦时期用青铜铸造的器物。

鉴于中国青铜器历史悠久，品种纷繁，人们对其进行了详细的分类，其目的在于更清楚地区别青铜器的性质和用途，以利于研究、鉴赏和收藏。

多少年来，中国瓷器在国际市场上价格一直居高不下，致使许多趋利之徒从清代起就大肆制作古瓷器赝品。目前，在全国旧货古玩市场上遇到的所谓明清瓷器绝大部分是这类伪作。因此，古瓷器收藏者，如果想在拍卖场以外寻求投资的机会，不但要了解各时期中国瓷器的风格特点，还要尽量掌握一些甄别瓷器的知识。

字画投资——高品质的艺术享受

投资古字画历来是收藏投资界所热衷的宠儿，因为它具有以下优点：

（1）在各类投资市场中，字画投资风险较小。与投资字画相比，购买股票或期货两者风险较大。

（2）字画投资收益率极高。一般投资收益率与投资风险成正比，即投资风险越大，投资回报率则越大；反之，投资风险越小，可能获得的投资回报率则越小。但是，由于字画具有不可再生的特质，因而其具有极强的升值空间。字画本身的特征决定了字画具有投资风险小、回报率高的优势。

艺术品都是集精神价值与商业价值于一体的。由于其中的精神含量和文化含量难以量化，因此投资者在为艺术品定价时，往往会走入一种误区。

字画投资需要一定的金钱，但更需要的是独到的眼光。特别是收藏古字画，更要通晓这方面的知识和行情。古字画按类而分，价值不等。

（1）从绘画与书法的价值来说，绘画高于书法。道理很简单，绘画的难度大于书法。

（2）从质地来说，比较完整没有破损，清洁如新，透光看没有粘贴、托衬者为上品；表面上看完好无损，仔细看有托衬，但作品的神韵犹存者为中品；作品系零头片纸拼成，背后衬贴处，色彩也经过补描，即使是名家之作，也只能算是下品。

（3）从内容来说，书法以正书为贵。比如，王羲之的草书百字的价值只值行书一行的价值，行书三行值正书一行，其余则以篇论，不计字数。绘画以山水为上品，人物次之，花鸟竹石又次之，走兽虫鱼为下品。

（4）从式样来说，立幅高于横幅，纸本优于绢本，绫本为最小。立幅以高四尺、宽二尺为宜，太大或太小一般价值都不是很高；横幅要在五尺以内，横披要在五尺以外；手卷以长一丈为合格，越长价值越高；册页、屏条应为双数，出现单数则称失

◇ 古字画收藏的技巧 ◇

艺术品都是集精神价值与商业价值于一体的。由于其中的精神含量和文化含量难以量化，所以，投资者在为艺术品定价时，往往会走入一种误区。主要表现为以下几个方面：

这是××先生的作品，价值肯定很大值得收藏。

1. 依据艺术家知名度的高低定价位；

2. 依据字画作品的规格定价位；

3. 依据作画所用的时间长短定价位；

4. 依据艺术品的构图疏密、用笔繁简或色彩多寡定价位。

5. 依据艺术家存世作品多少定价位；

群；册页以八开算足数，越多越好；屏条以四面为起码数，十六面为最终数，太多则难以悬挂。

对于有心在古字画收藏中一展身手的投资者来说，应该注意以下几个方面：

1. 必须具备一定的书画收藏和欣赏知识

中国历代的书法和绘画在其发展过程中都具有较大的统一性，因此，画家也常常就是书法家。由此可见，欣赏字画的道理也是相同的，主要包括欣赏字画作品的笔法、墨法（色彩）、结构（构图）和字画所反映的历史知识以及作者的身世等方面的知识。

2. 详细了解字画作者的身份

中国历朝历代的名画家非常多，有史料记载的达数万人之多。对投资者来说，详细了解每个人的身份显然是不太容易的，但可以对每个时期最有代表性的人物的身份作详细的了解，真正做到"观其画，知其人"。

3. 掌握一定的字画鉴别方法

对于一般的古字画收藏投资者来说，古字画鉴别的难度是极大的。由于中国古代的书画家极多，留下了许多优秀的书画作品，再加上各种临摹，各种假画伪画，以及后落款、假御题、跋、序等，是任何专业类图书都无法一一详细记载的。所以，即使国家级的鉴别大师在鉴别古字画时，也不敢保证每次都千真万确。古字画的鉴别虽说难度很大，但其中还是有一些基本规律可供投资者参考的。古字画的鉴别除了要注意字画的笔法、墨法、结构和画面内容等基本方面外，还须注意字画中作者本人的名款、题记、印章和他人的观款、题跋、收藏印鉴，以及字画的纸绢等相关细节方面，这样才能减少鉴别失误。

4. 了解字画伪造的种种方法

古代字画作伪之风源于唐代的摹拓和临摹。所谓的"摹"是将较透明的纸绢盖在原件上，然后按照透过来的轮廓勾线，再在线内填墨完成。"临"是指将原件放在一旁，边比照边写画。尽管摹写出的作品表面上更接近原件，但往往无神，也容易将原件弄脏，而临写则比勾摹自由，可在一定程度上脱离原件，因此是更高级的作伪方法。

由于古字画市场上鱼龙混杂、良莠不齐，因此对古字画收藏者来说是有一定风险的。古代没有专门的鉴定机构和专家，因此，收藏者自己就必须是鉴定行家，不然就会吃大亏。现在的情况已经发生了很大的改变，国家有专门的鉴定机构，拍卖行也必须在取得一定的鉴定证书后方能拍卖，所有这些，都给古字画收藏者提供了一定的投资保证。

字画投资要掌握如下技巧：

1. 选择准确是关键

字画投资不像其他投资，可以从繁乱的报表中得到参考数据，要想掌握字画投资市场状况，只有靠多看、多问、多听，逐渐积累经验。投资者平时要常逛画廊，多与画廊的工作人员交谈，从中就会发现哪些画廊的制度较健全、哪些画家的创作力较旺盛，从而积累一定的信息，但切莫"听话买画"。字画的优劣往往是比较出来的，只有多听、多看、多问，自然就有判断的标准。

2. 注意国际行情

字画在国际上大体可分为两大系统：代表西方系统的以油画为主；代表东方系统的则是中国字画。

投资者选择字画投资，必须要有国际公认的行情，并非在某个画展上，随便买几幅字画就认为是字画投资了。字画作品需经过国际四大艺术公司拍卖认定才会有更高价值，才会具有国际行情。这四大公司分别为苏富比、克里斯蒂、建德和巴黎APT。这四大国际艺术公司每年在全球各地拍卖高档字画，设定国际行情。

时代、作者名气、作品繁简、保存状况一般来说对古字画没有影响。按行情，宋代或宋代以上的作品，出自最著名几位大家的手笔，每件最低价在10万元以上。若作品完整、干净，内容又好，则可随交易双方自行议价，没有具体定价。元代以下的作品价格稍低，但大名家的手笔最普通的也值几万元。

现在在市场上流通的字画，大多数是近现代名家的作品。由于这部分作品中的精品市场价较高，且作者多已去世，因此收藏这些精品的机会比较少，所需资金与精力也比较大。虽然市场上有赝品充斥其中，但赝品与真品始终有距离，只要多请教专家、多看、多比较、多学习，就不难分辨其真伪。这些精品的投资虽大，但风险相对较小，是资金丰富的投资者的首选。

珠宝投资——收益新宠

"宝石"也叫"宝玉石"，有狭义和广义之分。

我国传统上将宝石与珍珠、琥珀、珊瑚等小件翡翠合称为珠宝。由于珠宝的存量稀少、体积小、价格高，并能长期保值，甚至增值较快，同时又便于携带和永久保存，因此古今中外都视珠宝投资为一种极有利润的投资工具。

在投资过程中，影响珠宝价值的因素，主要表现为：外观、耐用性、稀少、市场需求、传统文化心理、便于携带等。

珠宝的投资经营主要有如下特点：

（1）珠宝具有"硬通货"的性质。许多国家都将宝石资源划归国有，并将其作为国民经济发展的重点投资项目和国库储备的对象之一。

（2）全球珠宝贸易市场比较集中，其形式多种多样，贸易的对象有原石、半成品和成品等。

（3）珠宝交易和其他商品贸易一样，但是珠宝交易的一个显著的特点是趋于保守和稳妥。

（4）由于珠宝贸易市场中的高额利润，珠宝市场的竞争十分激烈，欺诈、走私和黑市这些现象也就很难得到根本性控制。

◇ 投资珠宝时必须遵守的原则 ◇

三大珠宝投资原则

1. 必须选购具有市场价值的珠宝，即数量稀少，但需求量日益增加、价格不断上涨的珠宝。

打折的珠宝不要买，会贬值的。

2. 最好到专业水平较高、信誉良好的珠宝店去选购珠宝，不要选购打折珠宝。投资珠宝必须选择佳品，才能确保其市场性与增值性。

我购买的这套珠宝是有国际公认的鉴定书的，价值绝对有保证。

3. 在购买时一定要索取国际公认的鉴定书，以确保珠宝的品质与价值。

收藏品投资的基本原则

对于许多收藏爱好者来说，把握艺术品投资收藏的基本方向，使自己在浩瀚无边的艺术海洋中不会迷失方向，这是最重要的。有一些老一辈收藏人士收藏效果不好，花大价买入一大堆文化垃圾，不是财力不够也不是心态不端，而是热衷于暴富神话，更根本的原因是没有处理好艺术品投资的基本原则问题。

艺术品投资的基本原则简要概括为九字箴言：真、善、美、稀、奇、古、怪、精、准。其奥妙在于收藏的实践活动中能灵活运用，举一反三，融会贯通，要求对每一藏品都用九字原则在九个方面或者更多方面上进行全方位评估。

另外要强调的一点是，良好的心态。所谓良好的心态，就是积极的、理性的投资心态。在投资中，投资者要理性地分析要

◇ 投资收藏品的九字箴言 ◇

1. "真"即藏品必须是真品。
2. "善"即藏品的器形。
3. "美"即藏品的艺术性要使人愉悦。
4. "稀"是指稀有。
5. "奇"是指具有特点。
6. "古"和"怪"是指年代越古越好，表现形式要特别。
7. "精"而"准"，是选择收藏品要少而精，且量财力而行。

投资的项目，进行可行性分析，投资中的风险等诸多因素。侥幸的、盲目乐观或过于谨慎都是不可取的投资心理。

首先，保持一颗平常心。收藏需要热情与理性的和谐，热而不狂、迷而不痴十分重要。藏家应该具有淡泊的心态，也就是要有一种平静的心态，不可浮躁，更不能不切实际、想入非非。从客观上说，投资收藏品只能以自己的财力、精力、爱好为出发点，以平常心对待，有取有舍，量力而行。

其次，学会在收藏中找到快乐。收藏无止境，乐在追求中。歌德说过："收藏家是最幸福和快乐的人。"其实收藏的过程赋予了投资者最大的幸福和快乐，所以投资者做收藏应该更多地从兴趣出发，学会把收藏与兴趣相结合，这样才会乐此不疲、心情愉快。

收藏投资操作的技巧

随着经济的发展，人们对物质的需求得以满足的同时，对精神文化的需求日益高涨起来，收藏风的刮起便是这种现象的见证之一。但与此同时，收藏品的选择也成了新兴收藏者的困惑。这里提供几点操作技巧：

1.扎实的专业知识

扎实的专业知识靠的是平日的积累，作为一个成功的收藏者，系统的历史、民俗、文学、考古、工艺美术和社会知识是必不可少的。收藏需要具备"慧眼"，这种"慧眼"不是一朝一夕练成的，而是日积月累，不断学习、不断总结经验后才可能具备的。只有虚心学习，不耻下问，才能不断提高鉴赏水平。

2. 真正的兴趣爱好

古人是怎么玩书画的呢？在像今天这样风和日丽的好天，窗明几净的书斋里，净手焚香，聚集三五知交，观书品画、纵论古今。现在有多少人把书画买回家之后会去细细品味、研究呢？如果把原本是学问的研讨、人文的涵养、情操的陶冶，演化成仅仅是金钱的较量，如果花大价钱买回家的东西往保险柜里一放再也不看，就等着在市场的最高点出手，那还不如去做别的投资，还不存在真伪、好坏的问题。孔子说过："骥不称其力，称其德也！"以蛮力显示出来的力量，终究不如知识的力量深厚而持久。

3. 良好的风险意识

收藏风险不可不防，收藏市场纷繁复杂，有淘宝的机会，也有重重的陷阱，是一个高风险的市场，投资者必须对艺术品市场有足够的了解，才更有可能取得成功。其中最基本的包括政策法规的风险、操作失误的风险和套利的风险。

政策法规的风险。文物商品是特殊商品，我国为此制定了相关的法律《文物保护法》。它对馆藏文物、民俗文物、革命文物都有具体的界定，应引起收藏者的重视。

操作失误的风险。一般而言，操作失误是指以真品的价格买了仿造品，或是以高出市场的价格买了真品。

套利的风险。客观地讲，古玩市场毕竟是一个不健全、有待完善的交易市场。买与卖者之间能否做到公平、公正地交易较大程度上都要看参与者对市场的参与和认知程度。

收藏投资的策略与误区

收藏投资不仅仅是兴趣爱好，应全面看待，这里讲述一下收藏投资的误区与应对策略：

1. 收藏不能光靠砸钱

收藏是不是贵的就是真的、就是好的？由于藏品市场活跃，出现了大量浑水摸鱼的产品，忽悠并不精通收藏品市场的消费者，把粗制滥造、随意拼凑、制造概念的所谓"收藏品"的升值投资潜力吹得天花乱坠，有的还经常"搭车"一些大型活动或重大事件来虚抬身价。某市场一地摊上摆满了批发零售的器皿、字画、票证，最引人注目的是成堆的各式钱币，历朝历代的"通宝"几乎都有，每枚都红斑绿锈，颇似真品。问及价格为什么那么低，小贩坦言都是仿制品。

2. 合理调整资金比例，理性收藏投资

邮票收藏专家周凤迟告诉记者一个真实的故事：有一位多年未见面的老友，被戏称为"日落西山的老赵"。缘何有此称呼？老赵从1982年开始涉足邮票的收藏与投资，他先后在广州、太

原、郑州、石家庄等城市收购与投放庚申猴票，最多的时候拥有17个整版，从而得了一个"辽西猴王"的绰号。接着，在1988年和1991年，老赵因成功以24000元的价格购得"孙中山像"三款四方连邮票和13100元拍得"全国山河一片红"邮票，一时间名声大噪。

老赵自此认为自己独具慧眼，于是坚决地成为邮资卡投资的实践者。他不仅花光了自己的积蓄购买"香港中银大厦落成纪念"邮资卡（俗称"片蓝"），甚至还贷款收购"片蓝"，使自己变得一贫如洗。在收藏市场上折腾了20余年，手中为数不多的"片蓝"邮资卡早已用来抵了债务，现在他再也不敢涉足邮币市场了。

3. 收藏品不是越久越值钱

真品并不是不会贬值，20世纪90年代前后是日本泡沫经济的顶峰，日本艺术拍卖史上也经常出现之前从未有的"天价"现象，一波接一波的浪潮冲晕了投资者的头脑。但随着日本经济泡沫的破灭，"价值连城"的收藏品也开始"打折"，银行里用于抵债的书画作品堆积如山，其价格只相当于原价格的1/5左右。

图书在版编目（CIP）数据

投资学越简单越实用 / 文明德编著 . —北京：中
国华侨出版社，2017.12（2019.11 重印）
ISBN 978-7-5113-7151-5

Ⅰ . ①投… Ⅱ . ①文… Ⅲ . ①投资经济学－通俗读物
Ⅳ . ① F830.59-49

中国版本图书馆 CIP 数据核字（2017）第 272258 号

投资学越简单越实用

编　　著：文明德
责任编辑：滕　森
封面设计：冬　凡
文字编辑：孟英武
美术编辑：张　诚
插画绘制：圣德文化
经　　销：新华书店
开　　本：880mm×1230mm　1/32　印张：8　字数：300 千字
印　　刷：三河市华成印务有限公司
版　　次：2017 年 12 月第 1 版　　2021 年 11 月第 5 次印刷
书　　号：ISBN 978-7-5113-7151-5
定　　价：36.00 元

中国华侨出版社　北京市朝阳区西坝河东里77号楼底商5号　邮编：100028
发 行 部：（010）88893001　　传　　真：（010）62707370

如果发现印装质量问题，影响阅读，请与印刷厂联系调换。